Fljamur Miftari

Gestão moderna e comunicação em economia e turismo

Fljamur Miftari

Gestão moderna e comunicação em economia e turismo

ScienciaScripts

Imprint

Any brand names and product names mentioned in this book are subject to trademark, brand or patent protection and are trademarks or registered trademarks of their respective holders. The use of brand names, product names, common names, trade names, product descriptions etc. even without a particular marking in this work is in no way to be construed to mean that such names may be regarded as unrestricted in respect of trademark and brand protection legislation and could thus be used by anyone.

Cover image: www.ingimage.com

This book is a translation from the original published under ISBN 978-620-7-81120-5.

Publisher:
Sciencia Scripts
is a trademark of
Dodo Books Indian Ocean Ltd. and OmniScriptum S.R.L publishing group

120 High Road, East Finchley, London, N2 9ED, United Kingdom
Str. Armeneasca 28/1, office 1, Chisinau MD-2012, Republic of Moldova, Europe
Printed at: see last page
ISBN: 978-620-7-79527-7

ÍNDICE

RESUMO

Os métodos contemporâneos de gestão e comunicação influenciam cada vez mais o panorama moderno do desenvolvimento económico e turístico. Estes métodos transformaram a forma como as empresas e os destinos operam, tornando-os mais eficientes, conectados e reactivos às tendências globais e às exigências dos consumidores.

MÉTODOS DE GESTÃO

1. Planeamento e análise estratégica: O planeamento estratégico envolve uma visão e objectivos a longo prazo, utilizando ferramentas como a análise SWOT para identificar pontos fortes, pontos fracos, oportunidades e ameaças. Este método garante que o desenvolvimento do turismo se alinhe com as estratégias de crescimento económico.

2. Gestão ágil: A abordagem ágil, originária da indústria tecnológica, é amplamente adoptada na gestão do turismo. Dá ênfase à flexibilidade, ao progresso iterativo e ao feedback das partes interessadas, permitindo adaptações rápidas às mudanças do mercado e às preferências dos visitantes.

3. Gestão Sustentável: A ênfase na sustentabilidade ambiental, económica e social garante que o desenvolvimento do turismo não compromete as gerações futuras. As práticas incluem operações amigas do ambiente, envolvimento da comunidade e preservação do património cultural.

4. Tomada de decisões com base em dados: Utilizando big data e análises, os gestores podem tomar decisões informadas com base em informações em tempo real sobre o comportamento dos turistas, as tendências do mercado e o impacto económico. Esta abordagem aumenta a capacidade de prever a procura e afetar recursos de forma eficiente.

Marketing digital: Com o advento da Internet, o marketing digital tornou-se crucial na promoção do turismo. Técnicas como SEO, marketing de conteúdos e campanhas nas redes sociais chegam a um público global, aumentando a visibilidade e a atratividade dos destinos. Envolvimento nas redes sociais: Plataformas como o Instagram, o Facebook e o Twitter são vitais para interagir com os turistas. Fornecem actualizações em tempo real, serviço de apoio ao cliente e conteúdos gerados pelos utilizadores que promovem experiências autênticas. Comunicação entre canais: Assegurar mensagens consistentes em vários canais (online, offline, móvel) ajuda a construir uma imagem de marca coesa e melhora a experiência do cliente. A integração destes canais permite uma interação perfeita e um marketing personalizado. Relações públicas e parcerias com influenciadores: A colaboração com influenciadores e a manutenção de boas relações públicas podem ter um impacto significativo no turismo. Os influenciadores podem apresentar os destinos aos seus seguidores, enquanto as estratégias eficazes de relações públicas gerem a imagem e a reputação de um destino. A integração destes métodos contemporâneos de gestão e comunicação tem efeitos profundos na economia e no turismo. Em termos económicos, contribuem para uma maior eficiência, maiores receitas e criação de emprego - o turismo beneficia de uma maior atração pelo destino, de uma maior satisfação dos visitantes e de um crescimento sustentável. Por exemplo, a análise de dados pode identificar as épocas altas e as preferências dos turistas, levando a uma melhor afetação de recursos e a ofertas personalizadas. As práticas sustentáveis atraem viajantes preocupados com o ambiente e asseguram a viabilidade do destino a longo prazo. O marketing digital e o envolvimento nas redes sociais expandem o alcance e a influência, atraindo um público global diversificado.

Uma gestão eficaz é essencial para o sucesso de uma empresa, envolvendo várias funções críticas. Envolve o planeamento estratégico para definir objectivos a longo prazo e dirigir a empresa. A estrutura organizacional criada pela direção garante a clareza das funções. A liderança proporcionada pela direção inspira e motiva os empregados. A tomada de decisões, uma função de gestão essencial, envolve a resolução de problemas e o pensamento crítico. A afetação eficiente dos recursos maximiza a produtividade. A gestão do desempenho mantém a força de trabalho alinhada com os objectivos da empresa através da monitorização. A gestão dos riscos identifica e reduz as potenciais ameaças. A criação de relações com as partes interessadas garante a satisfação das suas necessidades. Em suma, o papel multifacetado da gestão é essencial para o sucesso da empresa. Para ser ouvido pelo seu cliente e consumidor-alvo, a sua mensagem e as suas campanhas devem ser claras, coerentes, empáticas e impactantes. Fazer um discurso calibrado sobre a buyer persona e eliminar obstáculos e preconceitos de compreensão... É este o desafio que poderá vencer através da preparação da sua mensagem de marketing. Esta preparação é, de facto, essencial para pôr em prática uma campanha eficaz e, assim, aumentar as vendas. Como o próprio nome indica, a mensagem de marketing engloba os elementos de comunicação da empresa sobre a sua identidade e o valor que traz. O consumidor é a entidade económica (pessoa singular ou colectiva) que escolhe, utiliza e consome um serviço ou um bem, procedendo assim ao seu consumo parcial ou total. Este consumo é considerado: "final" quando a utilização do bem consumido corresponde a um uso pessoal privado (beber um copo de vinho, assistir a um espetáculo, conduzir...): "intermédio" quando o bem ou serviço consumido contribui para a criação de outro bem ou serviço (um artesão utiliza um automóvel para se deslocar a um cliente...). Para construir uma mensagem televisiva convincente, é necessário ter em conta a particularidade deste meio: o pequeno tamanho do ecrã de televisão e a distância entre o espetador e a imagem, spots frequentemente limitados a 30 segundos, pacotes criativos e restrições de assinatura, e um consumidor que normalmente está pouco empenhado e presta pouca atenção às mensagens, que é necessário saber como interessá-lo, surpreender e seduzir para convencer. Este estudo abrangente aprofunda o impacto profundo das teorias de gestão modernas na dinâmica e eficácia organizacionais. Começa por explorar a evolução das teorias de gestão tradicionais para as modernas, sublinhando desenvolvimentos fundamentais como a mudança de estilos de liderança autoritários para estilos de liderança mais participativos. No centro desta exploração estão teorias fundamentais como a Teoria dos Sistemas, que conceptualiza as organizações como entidades complexas com componentes interligados, e a Teoria da Contingência, que defende abordagens de liderança adaptativas e situacionais. Em seguida, passamos a uma análise aprofundada da Teoria X e da Teoria Y, que introduziram uma perspetiva dupla sobre a motivação dos trabalhadores e as abordagens de gestão - a Teoria X dá ênfase ao controlo e à autoridade e a Teoria Y centra-se na autonomia e na auto-direção dos trabalhadores. Estas teorias influenciaram significativamente as mentalidades e as práticas de gestão, abrindo caminho a abordagens mais matizadas e centradas no ser humano para a gestão da força de trabalho. O documento investiga ainda o impacto tangível destas teorias nas práticas organizacionais modernas. Isto inclui o seu papel na definição da tomada de decisões estratégicas, dos estilos de liderança e comunicação, das estratégias de envolvimento dos trabalhadores e da estrutura organizacional. É dada especial atenção à forma como estas teorias têm sido fundamentais para orientar as organizações através dos desafios e oportunidades dos avanços tecnológicos e da globalização.

No atual ambiente empresarial em rápida evolução, a comunicação eficaz desempenha um papel fundamental no sucesso da gestão organizacional. À medida que as empresas se tornam mais interconectadas e diversificadas, a capacidade de comunicar de forma eficiente e transparente surgiu como uma competência essencial para líderes e funcionários. Esta introdução prepara o terreno para explorar o papel multifacetado da comunicação na gestão organizacional, destacando a sua importância na promoção da colaboração, no aumento da produtividade e na condução da tomada de decisões estratégicas. Ao examinar as várias dimensões da comunicação no contexto organizacional, este documento tem como objetivo fornecer informações sobre a forma como as práticas de comunicação eficazes podem contribuir para alcançar os objectivos organizacionais e manter a vantagem competitiva. Além disso, abordará os desafios e oportunidades apresentados pelas modernas tecnologias de comunicação e o seu impacto na dinâmica organizacional. De um modo geral, esta introdução estabelece as bases para uma análise abrangente do papel da comunicação na gestão organizacional, oferecendo informações valiosas para líderes, gestores e profissionais que procuram navegar no complexo panorama empresarial atual. O turismo representa a atividade económica dominante da República da Croácia, que no período anterior determinou significativamente os processos financeiros e sociais. A estratégia de desenvolvimento do turismo da República da Croácia até 2020 definiu cinco objectivos principais: aumentar a competitividade internacional, melhorar a estrutura e a qualidade do alojamento, criar novos empregos, realizar um novo ciclo de investimento e aumentar o consumo turístico. Embora os progressos tenham sido visíveis no período anterior, a realização dos objectivos foi em grande parte inexistente. No contexto do aumento da competitividade internacional do turismo croata, foi planeado entrar nos 20 principais destinos turísticos do mundo, mas a Croácia terminou 2019 em 27.º lugar. Além disso, a estratégia para o período anterior previa a direção da criação de valor acrescentado para melhorar a estrutura e a qualidade do alojamento. O aumento planeado da percentagem de alojamento em hotéis de 13,1% em 2011 para 18,1% em 2020 (número de camas) não se concretizou, e o alojamento familiar cresceu a taxas mais elevadas. No entanto, foi dado um certo passo em frente em termos de qualidade (principalmente através de Brownfield). O turismo representa a atividade económica dominante da República da Croácia, que no período anterior determinou significativamente os processos financeiros e sociais. A estratégia de desenvolvimento do turismo da República da Croácia até 2020 definiu cinco objectivos principais: aumento da competitividade internacional, melhoria da estrutura e da qualidade do alojamento, criação de novos empregos, realização de um novo ciclo de investimento e aumento do consumo turístico. No contexto do aumento da competitividade internacional do turismo croata, foi planeado entrar nos 20 principais destinos turísticos do mundo, mas a Croácia terminou 2019 em 27º lugar. Além disso, a estratégia para o período anterior previa a direção da criação de valor acrescentado para melhorar a estrutura e a qualidade do alojamento. O aumento planeado da quota de alojamento em hotéis de 13,1% em 2011 para 18,1% em 2020 (número de camas) não foi realizado, e o alojamento

familiar cresceu a taxas mais elevadas.No entanto, foi dado um tipo de passo em
frente na qualidade (principalmente através de Brownfield.

Palavras-chave

Planeamento estratégico, Liderança, Distribuição de recursos financeiros,
Gestão de riscos, Gestão de partes interessadas, Sucesso empresarial, Teoria X,
Teoria Y, Teoria Y, liderança, Teorias modernas da gestão, Liderança,
Comunicação, Cultura organizacional, Gestão da mudança, Planeamento
estratégico, Crpatia, Estratégia de desenvolvimento turístico sustentável até
2030, Ciências sociais, negócios, influência da economia.

INTRODUÇÃO

A gestão como uma função crucial do sucesso empresarial

A gestão é uma pedra angular do sucesso empresarial, actuando como força motriz para uma transição estratégica e eficaz da estratégia. A sua importância não pode ser sobrestimada, uma vez que requer um vasto leque de funções de sobreavaliação para a sobrevivência e prosperidade de uma organização. Desde o plano estratégico e a tomada de decisão até à distribuição de recursos e gestão de riscos, o papel da gestão é multifacetado e decisivo para navegar na complexidade do ambiente empresarial (Jones & George, 2019). Neste caso, a investigação científica basear-se-á em cinco elementos de gestão: Planeamento estratégico, Liderança, Distribuição de recursos financeiros, Gestão do risco e Gestão das partes interessadas. As nossas questões de investigação basear-se-ão nestes cinco elementos em quatro empresas diferentes no território da República da Croácia para investigar a adesão da empresa a estes elementos na sua gestão e o seu sucesso. As nossas questões de investigação serão as seguintes 1. Sente as estratégias de planeamento na sua empresa? 2. Qual é o seu grau de satisfação com a liderança? 3. A distribuição dos recursos financeiros é proporcional e transparente? 4 A empresa assume riscos nas suas decisões? 5 Participa frequentemente em discussões no seio da empresa? As respostas são SIM, NÃO ou NÃO SEI. O número de respostas (16) e a percentagem (%) serão indicados em cada pergunta. Gostaríamos de clarificar a importância de cada elemento;

O planeamento estratégico, uma função essencial da gestão de objectivos, é a direção para a empresa, visando objectivos a longo prazo e tomando as medidas necessárias para os atingir. Isso inclui uma análise abrangente das tendências da história, cenários competitivos e capacidades internas (Thompson et al., 2020). Uma estrutura organizacional é criada por uma gestão eficaz que atinge esses objetivos estratégicos para executar com eficiência, com o papel e a operação do cartão que traz comunicação e coordenação (Daft, 2018). A liderança é outro aspeto crítico da gestão que contribui para o sucesso da empresa. Os líderes influentes inspiram e motivam os empregados, criando uma cultura de trabalho positiva e produtiva. Proporcionam visão e direção, promovendo um ambiente onde a inovação e a responsabilidade prosperam (Northouse, 2018). Além disso, o papel da gestão da tomada de decisões é resolver processos complexos e determinar escolhas informadas com base no desempenho da empresa (Robbins & Coulter, 2020). A alocação de recursos é uma função de gestão que garante que os recursos financeiros, humanos e tecnológicos sejam utilizados de forma otimizada para maximizar a produtividade e minimizar o desperdício (Grant,

2016). Os sistemas de gestão de desempenho são implementados pela gestão para monitorizar e afetar o desempenho dos colaboradores, assegurando o alinhamento com os objetivos organizacionais (Aguinis, 2019). A gestão de risco destina-se ao seguro das empresas seguradas e ao seguro da garantia da informação. Isso inclui identificar, responder e mitigar o que pode ser prejudicial na história (Hopkin, 2018). Além disso, a promoção de uma cultura de inovação e adaptabilidade ajuda a empresa a manter-se competitiva num ambiente de mercado em rápida mudança (Tid & Bessant, 2020).

A gestão das partes interessadas consiste em criar e estabelecer ligações entre elas, os investidores, os fornecedores e a comunidade. Isto pode ser necessário, e as expectativas das partes interessadas contribuem para a reputação e o sucesso global da empresa (Freeman, 2010). O cumprimento dos regulamentos legais e das normas éticas é outra caraterística da gestão que assegura a integridade do governo e resolve questões legais (Carroll & Buchholt, 2015). Ao resumir o papel multifacetado da gestão, incluindo o envolvimento na estratégia, liderança, tomada de decisões, mudança de recursos e muito mais, sublinha-se a sua importância na condução do sucesso empresarial. Compreender quem são as principais funções de gestão é fundamental para navegar nas complexidades do desenvolvimento empresarial moderno e desenvolver operações sustentáveis. Considerando que há muita investigação neste domínio, quis reforçar a teoria de que a gestão é uma parte vital do sucesso de qualquer empresa, mas também dos negócios em geral. Nesta investigação, tentei chegar aos mais altos níveis de gestão de algumas empresas na República da Croácia para testemunhar, mas também para investigar a minha tese sobre o papel da gestão na empresa. Existem seis mecanismos de comunicação televisiva: 1.- problema/solução; 2.- demonstração; 3.- comparação; 4.- argumento; 5.- encenação de prazeres; 6.- atmosfera e universo da marca e apelo à ação. Para tornar estes mecanismos visuais, podem ser utilizados oito vectores de comunicação, a saber - a) a personagem/empresa; b) - o produto que conta a sua própria história; c) - o demonstrador/vendedor; d) - o representante do consumidor; e) - o pedaço de vida; f) - o cenário real; g) - o cenário irrealista; h) - um jingle visual do tipo videoclip. É necessário assegurar uma forte afinidade entre os mecanismos e os vectores da noção visual para tornar os parâmetros mais eficazes. De um ponto de vista criativo, três elementos-chave devem ser cuidadosamente considerados: a ordem dos conceitos visuais, o tempo atribuído a cada sequência e o papel desempenhado pelo som. O critério dominante de escolha do perito em marketing é o tipo de estrutura dos pontos seleccionados, a saber - ponto de argumentação/demonstração linear; - um local com um cenário de resolução de tensões; - videoclip com um cenário questionável; - refletor estruturado multicamadas; - refletor não estruturado multicamadas. Cada tipo de ponto é caracterizado por uma combinação de sequência, tempo e música óptimos. (V, Sacriste, 2011, 33).

Construir a mensagem televisiva

Quando o módulo criativo, ou seja, a unidade criativa de base da campanha, é o spot televisivo, o leque de possibilidades expressivas torna-se muito mais vasto. Os limites da comunicação impressa são mínimos. Perante um ecrã repleto de imagens e cores animadas, o desafio é diferente. Elas associam vida. Na comunicação televisiva, será possível dispor de uma mistura de música de banda sonora, voz e efeitos sonoros, criando emoção. A utilização de uma exposição "longa" será possível: dez a doze vezes mais longa do que a da imprensa. (J-M, Ferrandi, M-C.Lichtle, 2014, p.65) É isso que o espaço oferece. Os técnicos de marketing possuirão um "jacaré" de exposição "obrigatória" em relação ao que é oferecido ao olhar apressado ou à paragem involuntária do leitor numa revista. Trata-se da atenção do público. Perante um leque mais vasto de possibilidades, o criador de publicidade está consciente de que muitos podem acreditar que tudo é possível e que as portas da expressão no pequeno ecrã estão abertas. No entanto, mesmo neste domínio, existem limites próprios da publicidade televisiva. Esses limites decorrem das particularidades da exposição do spot televisivo. Esses limites são a) a "visão em túnel", b) o mito do tempo disponível e c) a transitoriedade da mensagem. (J, Walther, 2020, p. 2) VISÃO DE TÚNEL A "visão de túnel" resulta do tamanho do ecrã e da distância de visualização. O ecrã tem aproximadamente 50 cm × 40 cm. A distância é de dois a três metros. A combinação destes elementos faz com que a visão pareça estreita. O olho, com uma visão normal, consegue cobrir quase 180º. O televisor cobre 20 a 25º. O espetador não pode entrar na ação ou na paisagem como faz no cinema. O grande plano dá ao olho a impressão de que estamos muito perto. O plano geral da televisão dá a impressão de que estamos no exterior. O cinema no grande ecrã "transporta" o espetador para a paisagem e depois concentra a sua atenção nos pormenores através de planos gerais e planos aproximados. Pode fazê-lo porque tem um ecrã enorme e um tempo que conta em minutos. Esta operação não é possível com o ecrã de televisão. A "ação" do lugar conta como uma segunda vista do fundo de um túnel. Acontece em grandes planos e grandes planos com um mínimo de planos gerais para localizar a ação. O tempo disponível na televisão transformou-se num mito. De facto, o tempo do spot, seja ele de 8, 15, 20 ou 30 segundos, deve ser encurtado por várias razões. A primeira é que o potencial leva alguns segundos a "entrar" na mensagem e a "esquecer" o local anterior que, muitas vezes, termina com "packet- shot e assinatura" deve ser o mais enérgico possível. O segundo é que o pacote e a frase ou conclusão no final da mensagem devem ser de quatro a cinco segundos para serem compreensíveis. Assim, o spot de 30 segundos é reduzido para 23 ou 24 segundos para transmitir o enredo e influenciar o consumidor. Além disso, atualmente, os preços elevados do espaço publicitário também condicionam esta situação. É por isso que 30 segundos não é o formato mais comum. Muitas vezes, optamos por mensagens mais curtas, de 20 a 15 segundos. A prática comum consiste em mudar para um formato de 30 segundos no início de uma campanha, sintetizando depois o spot para 15 ou 20 segundos nas iterações seguintes. A terceira dimensão das limitações da televisão consiste nas possibilidades do ouvinte. Isto pode parecer surpreendente porque um spot de televisão impressiona muito mais os clientes do que um simples cartaz ou um anúncio de revista. No entanto, na análise, é preciso saber que o telespetador não está colado ao ecrã, sobretudo durante os anúncios. No entanto, surgem possibilidades de visualização, interesse vago e ecrãs de publicidade que podem desviar a sua atenção consciente para falar sobre o anúncio. Em três ou quatro das cinco situações descritas, o espetador está desatento, mas ainda assim é tocado por algo que o faz escapar: será o som, a música ou a voz? (P-L Dubois, A. Jolibert, 2013, p.47) A especificidade do spot publicitário O último limite da expressão do spot televisivo advém da sua impermanência. Aí, a comunicação publicitária televisiva é uma comunicação em ritmos impostos. Na televisão, a assinatura publicitária só pode ser instantânea. É como escrever sobre a água. Por isso, um spot televisivo é diferente de uma longa-metragem ou de uma demonstração de vendas. A demonstração é uma forte tentação, sobretudo para os principiantes. Estes tendem a exceder os limites de tempo de vinte e cinco a trinta segundos. Um argumento visual pode durar quatro ou cinco segundos. Todas as vantagens do produto, combinadas com quatro ou cinco argumentos, resultarão numa apresentação de vendas concentrada. (Ph. Villemus 2014, p.88) Para este efeito, são necessárias as seguintes dinâmicas: - movimento em torno da sala; - sair da sala durante o tempo presumido do intervalo publicitário -, - parar, um comportamento que é menos destrutivo para o impacto global da publicidade do que se poderia pensar. A televisão deve acrescentar uma dimensão adequada de comunicação direta e percetível. É aqui que tem todo o seu efeito. Obtém-no pela demonstração racional ou pela mitificação imaterial. É aqui que a televisão tem uma vantagem suplementar significativa sobre os outros espaços publicitários. É móvel em relação a outros vectores da comunicação comercial e a outros meios de comunicação, que são mais estáticos e transmitem menos emoção. Melhor do que qualquer outro meio, a televisão dirige a vida do telespetador fiel e pode produzir ou construir um mito. Uma tal ideia deve ter como missão comunicar e utilizar as condições de exposição (J.

Bonnard, 2020p, 98). Diferença entre mensagens televisivas e mensagens escritas Antigamente e recentemente, as cartas (figurativamente mensagens publicitárias) eram depositadas nas caixas de correio com menos frequência. Essa mensagem permanece lá e, nos meios mais desenvolvidos, representava também uma poluição do ambiente humano, uma vez que esses papéis, prospectos e materiais publicitários eram espalhados em massa na rua ou em frente dos edifícios. Não é o caso da mensagem televisiva. É uma mensagem que passa sem deixar rasto. É colocada numa caixa como "letras sem fundo". Vê-se o tempo que passou e passa, mas não fica lá. Ela continua o seu caminho e desaparece. É por isso que a conceção de uma mensagem publicitária televisiva se esforça por lutar contra o esquecimento. Mas será que a história com início, desenvolvimento, fim e assinatura é suficiente? É necessário incluir dispositivos especiais no local para combater o esquecimento do anúncio. A repetição do anúncio é um deles. Existem outros métodos. Muitas páginas serão dedicadas a este assunto. A mensagem dactilografada permanece na caixa de correio e não tem extensão. Como conclusão da análise do que podemos afirmar, os princípios do que deve ser a comunicação de uma mensagem ilustrada e apoiada em diferentes formas; 2. comunicação sobre uma forte ideia criativa, visual e sonora, capaz de se impor na mente do espetador; 3. comunicação, onde uma certa quantidade de repetição produz uma mensagem de marca, é fornecida naturalmente e numa determinada situação. Muitas marcas aplicaram estes princípios, desde a construção imaginativa e o sentido estético até à sensibilidade, à visão e ao efeito. São estes os princípios seguidos por filmes que marcarão a história da criação publicitária como Orangina, Omo micro, Caisse d'Epargne, Seguros de Saúde ("os antibióticos não são automáticos") (J. Joffre 2019, p.3) Elemento constitutivo de um spot Enquanto a comunicação impressa é um telegrama visual onde o olho do espetador sozinho faz vários movimentos, a comunicação através da televisão permite sequências de conceitos, relações de causa e efeito, mecanismos de prova, ondas de emoções, momentos de beleza, colisões de conceitos criando humor, etc. O estudo de milhares de spots conduz a uma estruturação do universo conhecido como "spots televisivos" de acordo com a classificação de dois conjuntos de critérios. Um é o dos mecanismos de comunicação utilizados, que são os vectores de comunicação que vão implementar esses mecanismos. Os mecanismos descrevem a série de conceitos e o modo de prazer do telespetador a um determinado nível intelectual. Por outro lado, os vectores descrevem elementos físicos, imagens e palavras que podem implementar esses mecanismos. Os mecanismos de comunicação televisiva são enumerados na lista seguinte: Mecanismos de comunicação televisiva, o mecanismo e o princípio de ação, o problema e a solução. Vemos como se move o centro de gravidade do mecanismo. A parte do produto e os seus benefícios racionais e visíveis para o consumidor. Os benefícios que ele recebe. Os benefícios para o consumidor são, por vezes, concretos, mas emocionais, estéticos, ou encarnados por um universo intangível que coloca a marca no centro do mito. Encontramos o primeiro grupo de mecanismos através da comunicação do produto que inclui benefícios racionais e demonstráveis. Por exemplo, bens de consumo, instalação, manutenção, equipamento doméstico, etc. Quando se trata de produtos que incluem benefícios intangíveis relacionados com a estética, o luxo, as emoções e a "aparência" social, então os efeitos são espectaculares. O último mecanismo, típico da promoção, é adequado para uma grande variedade de produtos: - produtos de consumo importantes, bem integrados nas redes de distribuição, o que lhes permite ir até ao fim com uma oferta promocional; - por vezes, produtos de consumo que fazem uma promoção temporária em ligação com a distribuição; - serviços que praticam o marketing direto (seguros, exposições, etc.).Comunicação televisiva Os vectores de comunicação são os elementos visuais que transportam a mensagem através da aplicação dos mecanismos abstractos anteriores. Estes vectores visuais requerem as seguintes observações: existe uma certa relação entre os mecanismos de comunicação e os vectores. Os vectores de comunicação são os seguintes: 1 A personagem/empresa Trata-se de uma personagem real ou imaginária: Exemplo: A. Aphelu, Sr. Marie 2 O produto que conta a sua própria história. O próprio produto é comentado com uma voz. 3 Demonstrador/Vendedor. Um vendedor ou demonstrador apresenta-se: Exemplo: O homem de bata branca está a fazer publicidade à pasta de dentes. 4 O representante do consumidor: Este é o testemunho - consumidores típicos - de uma pessoa famosa. 5 Fatia de vida Os consumidores experimentam benefícios - produtos e benefícios para os consumidores. 6 O guião real: Um guião com uma história relevante para o produto. O cenário e as personagens são reais mas idealizados. 7 O cenário irreal Num cenário irreal, muitas personagens coloridas brincam, dançam ou cantam em situações de emergência. 8 O jingle ou clip visual (S. Caute (2020, p.27) Ao ritmo da música com refrões cantados, uma sucessão de imagens impressionistas pontua a música e os seus slogans corais. Nesse sentido, uma observação deve ser feita: obviamente, não há correspondência absoluta, mas há semelhanças entre alguns mecanismos e vetores. O ponto de concordância está na racionalidade do discurso (denotação da mensagem) ou da sedução (indução ou conotação). A segunda nota diz respeito ao fio condutor dos reflectores. Se um mecanismo racional orienta a sequência das imagens, é um fio condutor intelectual que orientará a sucessão dos planos. 3.6. Construir uma mensagem televisiva Este tópico é: - ou as sequências de demonstração e de argumentação;

- ou as sequências de guião fornecem uma situação e uma tensão, uma resolução que o espetador deve compreender e seguir. Nestes dois casos, há uma racionalidade que orienta as sequências. No segundo caso, as imagens já não serão formadas racionalmente; a música tocada e cantada será o fio condutor das imagens que estarão ligadas, talvez sem relação umas com as outras: a sua ligação será com a música, as palavras cantadas, o ritmo das imagens, a atmosfera. Aqui, encontramos as distinções já estabelecidas para a comunidade. cação gráfica: - por um lado, os conceitos marcados, benefícios-roubo dos consumidores, vantagens do produto; Afinidade entre mecanismos e vectores de comunicação televisiva Os mecanismos da publicidade televisiva pressupõem vários processos e entidades significativas, tais como: 1 O porta-voz 2 O produto 3 O vendedor-demonstrador 4 O consumidor 5 A fatia de vida 6 Um cenário mais ou menos realista 7 O espetáculo irreal 8 O clip ou toque visual 9. Problema/Solução

10. A demonstração 11. A comparação 12. O argumento 13. A encenação do prazer 14. A atmosfera 15. Apelo à ação (S.Tantin, 2019, p.9). Por outro lado, estes intangíveis são conceitos conotados, conceitos induzidos e benefícios. Estes dois sistemas terão as suas consequências no trabalho de criação efectiva. No primeiro sistema, podemos começar com o design usando lápis e papel. No segundo, temos de possuir a música, seja ela definitiva ou uma demo. É um sistema de conceção diferente. A terceira observação diz respeito à mistura de vectores. É possível misturar até um certo ponto para misturar efetivamente os sistemas. Assim, alguns filmes a favor da pasta de dentes misturam a argumentação do apresentador, o produto comentado em voz-off, o consumidor a lavar os dentes, o diagrama desenhado do efeito protetor, para voltar ao apresentador que conclui. O olho do espetador foi moldado por décadas de televisão, de publicidade e de clips. Ele aceita a mistura de sistemas visuais sem ver qualquer incoerência. O que é importante em pontos deste tipo é a consistência concetual. Tualidade e as conexões feitas com os comentários falados e a fita. Por outro lado, não há vectores muito compatíveis quando tentamos usá-los simultaneamente no mesmo local. Isto acontece porque estes conceitos pertencem a géneros diferentes. Não podemos misturar estes géneros sem perder a elegibilidade-pertença. Por outro lado, ele é um exemplo difícil de misturar o 6º (um cenário tenso com alta fantasia e humor) com o 3º (o vendedor-demonstrador). Não se trata de coerência intelectual, mas de coerência de tom. (Ph, Villemus, 2014, 26) A mistura de géneros mata a empatia de um e a aceitabilidade do outro. No vetor da comunicação, a escolha depende menos da brevidade e não há mais talento criativo. Esse talento consiste em encarnar um ou outro vetor num todo simples, compreensível, impressionante. Todos os

vectores, se utilizados com habilidade, podem ter um impacto potente. O testemunho pode ser considerado banal e cansado. No entanto, a recente campanha publicitária revelou-se particularmente relevante e inovadora. (A. Martin 2023, p. 12) Uma mensagem de aviso silenciosa aparece no ecrã da televisão: "Detectámos vestígios de ácido cianídrico, mercúrio, acetona e amoníaco num produto de consumo." Para qualquer informação, ligue para o no. 0800 404 404." O consumidor deve ligar para o número gratuito. Alguns dias depois, o mesmo texto é recitado aos fumadores entrevistados em estilo micro-trote. você. Os interlocutores olham para a câmara, surpreendidos e confusos, e perguntam de que produto se trata. O spot revela que se trata de um cigarro. O exemplo da campanha anti-tabaco foi particularmente bem sucedido numa área onde é difícil convencer. Iniciar a campanha com uma simples mensagem de aviso para criar um efeito de rumor (também chamado "buzz"). Na noite da primeira chamada, o número gratuito registou 900.000 chamadas, saturando o sistema e amplificando o efeito de pânico. Desde então, o sector registou o maior declínio nas vendas.

O impacto das teorias modernas de gestão

No panorama em constante evolução da gestão organizacional, o papel das teorias de gestão modernas não pode ser subestimado. Estas teorias, que surgiram a partir de meados do século XX, alteraram fundamentalmente a forma como as organizações são estruturadas, geridas e percepcionadas. Este artigo tem como objetivo dissecar a influência e as implicações destas teorias no mundo empresarial contemporâneo. Historicamente, as teorias clássicas influenciaram fortemente as práticas de gestão, dando ênfase à eficiência, à hierarquia e a uma abordagem rígida da liderança e da gestão da força de trabalho. No entanto, o advento das teorias modernas de gestão marcou uma mudança de paradigma. Esta mudança foi nas práticas de gestão e na perceção do que constitui uma liderança eficaz e uma força de trabalho produtiva. No centro desta nova era estavam a Teoria dos Sistemas, que defende a visão das organizações como sistemas complexos e inter-relacionados, e a Teoria da Contingência, que postula que as acções de gestão devem estar dependentes de vários factores internos e externos. Além disso, a introdução da Teoria X e da Teoria Y de McGregor ofereceu uma perspetiva inovadora sobre a motivação da força de trabalho e os estilos de gestão. Estas teorias sugerem que existem abordagens fundamentalmente diferentes para a gestão de pessoas e que a eficácia dessas abordagens depende em grande medida da natureza da força de trabalho e do contexto organizacional. Examinaremos a forma como estas teorias redefiniram as estruturas organizacionais, os processos de tomada de decisão, os estilos de liderança e as estratégias de envolvimento dos trabalhadores. A atenção centrar-se-á em aspectos teóricos, aplicações práticas e estudos de casos que demonstrem o seu impacto no mundo real. Num mundo em que as empresas enfrentam desafios constantes e mudanças rápidas, é crucial compreender a influência das teorias de gestão modernas. Este documento tem como objetivo fornecer uma visão global destas teorias, avaliando a sua relevância e eficácia no ambiente empresarial dinâmico dos dias de hoje. O domínio da gestão organizacional sofreu uma transformação significativa no século passado, motivada pelo aparecimento e adoção de teorias de gestão modernas. Estas teorias, que começaram a ganhar proeminência em meados do século XX, revolucionaram a forma como as organizações são estruturadas, dirigidas e operadas. Este documento explora exaustivamente a influência e as ramificações destas teorias modernas de gestão, particularmente no ambiente empresarial dinâmico atual. Historicamente, as teorias clássicas dominavam a gestão organizacional, dando prioridade à eficiência operacional, às estruturas hierárquicas e a uma abordagem de comando e controlo da liderança. Estas teorias eram largamente centradas no produto e tratavam os trabalhadores como meras engrenagens da máquina organizacional. No entanto, o aparecimento das teorias modernas de gestão marcou um afastamento significativo deste quadro rígido. Estas teorias contemporâneas introduziram uma abordagem mais holística e centrada no ser humano, realçando a importância de compreender e adaptar-se às complexidades das estruturas organizacionais e do ecossistema empresarial em geral. Esta teoria sublinha a ideia de que o sucesso de uma organização não é apenas a soma das suas partes, mas também depende da forma como essas partes interagem e funcionam em conjunto. Outra teoria fundamental é a Teoria da Contingência, que desafia a abordagem de tamanho único das teorias clássicas. Esta teoria defende que a eficácia da gestão depende do alinhamento das práticas de gestão com as variáveis situacionais, incluindo a natureza da tarefa, o ambiente de trabalho e as características individuais dos trabalhadores. Os conceitos revolucionários da Teoria X e da Teoria Y de Douglas McGregor também desempenham um papel importante na gestão moderna. Estas teorias propõem dois pontos de vista contrastantes sobre a motivação dos trabalhadores e o estilo de gestão: A Teoria X, que parte do princípio de que os trabalhadores são inerentemente preguiçosos e requerem uma supervisão rigorosa, e a Teoria Y, que considera os trabalhadores como inerentemente motivados e capazes de auto-direção e criatividade. Estas teorias catalisaram uma mudança no sentido de estilos de gestão mais empáticos e flexíveis, dando prioridade ao envolvimento e à capacitação dos trabalhadores. Este artigo irá traçar a evolução das teorias de gestão clássicas para as modernas, aprofundando os princípios fundamentais e os fundamentos filosóficos de cada uma delas. Examinaremos o impacto prático destas teorias no comportamento organizacional, nos estilos de liderança, nos processos de tomada de decisão e nas relações com os trabalhadores. Através de uma mistura de análise teórica e de estudos de casos do mundo real, esta exploração visa iluminar o impacto profundo e duradouro destas teorias nas práticas de gestão contemporâneas. Compreender o legado e a relevância atual das teorias de gestão modernas é essencial num mundo empresarial caracterizado por mudanças rápidas, complexidade crescente e concorrência exacerbada. Este documento procura fornecer uma análise aprofundada e perspicaz destas teorias, oferecendo perspectivas valiosas tanto para investigadores académicos como para gestores em exercício.

O papel da comunicação na gestão das organizações

À medida que as empresas se tornam mais interligadas e diversificadas, a capacidade de comunicar de forma eficiente e transparente surge como uma competência essencial tanto para os líderes como para os empregados. Além disso, a comunicação no mundo dos negócios é de particular importância porque a forma de comunicação e a implementação dessa comunicação criam um vínculo de confiança entre o empresário e o consumidor. Os métodos avançados de gestão e comunicação moldam cada vez mais o desenvolvimento da economia e do turismo na era contemporânea. À medida que a globalização e a tecnologia evoluem, as abordagens tradicionais já não são suficientes para lidar com a natureza dinâmica e complexa destes sectores. As técnicas de gestão modernas, como o planeamento estratégico, a gestão ágil, as práticas sustentáveis e a tomada de decisões baseada em dados, são essenciais para a eficiência, a adaptabilidade e o crescimento a longo prazo. Simultaneamente, as estratégias de comunicação transformaram-se com a ascensão do marketing digital, o envolvimento nas redes sociais, a comunicação entre canais e as parcerias com influenciadores. Estes métodos aumentam a visibilidade e o envolvimento, criando experiências de consumo mais personalizadas e interactivas. A integração destas práticas contemporâneas é crucial para navegar no panorama competitivo do mercado global. Uma gestão eficaz garante que os recursos são utilizados da melhor forma, enquanto as estratégias de comunicação inovadoras promovem ligações fortes com um público diversificado. Esta sinergia entre métodos avançados de gestão e comunicação é vital para impulsionar o crescimento económico e desenvolver um sector turístico próspero. À medida que os destinos e as empresas adoptam estas abordagens modernas, ficam mais bem equipados para enfrentar os desafios e as oportunidades do século XXI, abrindo caminho para um desenvolvimento sustentável e inclusivo. No atual ambiente empresarial em rápida evolução, as técnicas tradicionais de gestão e comunicação estão a ser cada vez mais complementadas ou substituídas por métodos contemporâneos. A natureza dinâmica dos mercados globais, os avanços tecnológicos e a evolução das expectativas da força de trabalho exigem novas abordagens mais flexíveis, baseadas em dados e colaborativas. Esta mudança não é apenas uma tendência, mas uma transformação fundamental na forma como as organizações funcionam e interagem interna e externamente. Os métodos de gestão contemporâneos, como a gestão Agile, enfatizam a flexibilidade e os processos iterativos, permitindo que as organizações respondam rapidamente às mudanças e melhorem continuamente. O aumento dos modelos de trabalho remoto e híbrido tornou essencial que os gestores utilizem eficazmente as ferramentas digitais para manter a produtividade e promover a coesão da equipa em locais dispersos. Além disso, as grandes quantidades de dados gerados na era digital fornecem informações valiosas, tornando a tomada de decisões baseada em dados uma pedra angular das práticas de gestão modernas. A liderança transformacional desempenha um papel crucial na navegação destas mudanças, uma vez que os líderes que inspiram e motivam podem impulsionar a inovação e guiar as suas organizações através de períodos de transformação. As ferramentas de comunicação digital tornaram-se indispensáveis para facilitar a interação sem descontinuidades, garantindo que as equipas se mantêm ligadas e informadas independentemente das fronteiras físicas. Além disso, a inteligência emocional está a ser reconhecida como uma componente essencial de uma gestão eficaz. Compreender e gerir as emoções, tanto as próprias como as dos outros, é vital para promover um ambiente de trabalho positivo e melhorar as relações interpessoais. Esta exploração dos métodos contemporâneos de gestão e comunicação irá aprofundar estas áreas críticas, fornecendo informações sobre a forma como estão a remodelar o panorama empresarial e oferecendo estratégias práticas de implementação. Ao adotar estas abordagens modernas, as organizações podem adaptar-se melhor aos desafios do século XXI e alcançar um sucesso sustentável.

O desenvolvimento da economia, dos negócios e do turismo da Croácia

Os 20 000-22 000 novos postos de trabalho previstos no turismo e cerca de 10 000 postos de trabalho em actividades não turísticas induzidos por actividades turísticas não foram alcançados, principalmente devido ao forte impacto da pandemia em 2020. Foram realizados com êxito novos investimentos no valor de mais de 7 mil milhões de euros, que permitiram sobretudo dar um passo em frente na melhoria da qualidade. O objetivo de aumentar a despesa turística era atingir 14,3 mil milhões de euros em 2020, dos quais 12,5 mil milhões de euros estavam relacionados com despesas no estrangeiro. Em 2019, a Croácia aproximou-se do objetivo, ou seja, realizou 10,5 mil milhões de euros em consumo estrangeiro. Em 2020, foi reduzido devido ao ano pandémico, que teve um efeito desastroso nas tendências do turismo a nível mundial, incluindo na Croácia. Entre outras coisas, a realização do objetivo declarado está diretamente relacionada com a ausência de uma conversão significativa da estrutura de alojamento para um valor acrescentado mais elevado, ou seja, a impossibilidade de um aumento substancial do rendimento realizado por noite. Para além dos aspectos económicos, a análise do turismo croata também se debruçou sobre os factores ambientais e sociais da sustentabilidade. A população local está consciente do potencial da Croácia. Apoia o desenvolvimento do turismo mas, ao mesmo tempo, sublinha a necessidade de uma gestão responsável e da utilização dos recursos disponíveis. Em média, a população acredita que os efeitos gerados pelo turismo ainda são maioritariamente positivos, com uma diferença notável nas atitudes por região, onde os residentes da Croácia Adriática têm uma perceção mais robusta dos impactos negativos do turismo. Para além do acima exposto, é essencial salientar que a população de todas as regiões da Croácia apoia fortemente o desenvolvimento do turismo e mostra um elevado grau de interesse nos processos de desenvolvimento do turismo. As atitudes positivas acima referidas relacionadas com o turismo, bem como o elevado nível de interesse da população local, indicam a sua disponibilidade para um envolvimento ativo e para a mudança e, como tal, representam uma base sólida para o desenvolvimento do turismo sustentável na Croácia. No entanto, os intervenientes no sector do turismo ainda não adoptam suficientemente os princípios da gestão ecológica, da eco-certificação e da introdução geral da gestão ecológica nas suas actividades.

Indicadores quantitativos do desenvolvimento do turismo

Devido à importância excecional do turismo para a economia croata, os dados relativos aos resultados alcançados no sector do turismo devem ser analisados com especial atenção. A análise dos indicadores quantitativos do turismo neste capítulo inclui a análise dos indicadores financeiros do tráfego turístico, as tendências da estrutura das capacidades de alojamento, as tendências do número de dormidas, o número de chegadas (tráfego turístico) e a estrutura da procura turística. Os efeitos do turismo sobre a economia do país dependem, por um lado, do conteúdo e da qualidade dos serviços turísticos directos, bem como da capacidade do resto da economia do país para fornecer produtos e serviços que fazem parte, direta ou indiretamente, da esfera do consumo e do investimento turísticos. Por outro lado, a parte do turismo no PIB de um determinado país depende também do nível de desenvolvimento de outras actividades económicas no país. É do interesse da economia nacional reforçar o turismo e os seus efeitos com o desenvolvimento simultâneo de outras actividades. Neste contexto, a percentagem extremamente elevada do turismo no produto interno bruto indica também a fraqueza do sistema económico global. As análises mostram o impacto positivo do turismo na prevenção da emigração e no crescimento económico a longo prazo, bem como a atratividade dos locais onde se desenvolve a atividade turística como lugares para uma boa vida. O turismo pode ser um gerador de desenvolvimento económico e de criação de emprego de qualidade e de desenvolvimento social, contribui para o reconhecimento e preservação do património natural e cultural, proporciona inúmeros benefícios socioeconómicos à população local e promove a multiculturalidade, a inclusão social e a coesão territorial. Na Classificação Nacional de Actividades, o turismo não é classificado como uma categoria separada, mas sim como um conjunto de actividades diferentes, o que complica significativamente a avaliação da importância do turismo para toda a economia. A parte do turismo no produto interno bruto da Croácia está a aumentar anualmente, o que prova a dependência extremamente elevada da economia croata em relação às tendências do turismo. No entanto, também mostra as fraquezas do sistema económico global. De acordo com o Serviço Estatal de Estatística da República da Croácia, em 2019, a percentagem do produto interno bruto direto do turismo no produto interno bruto total foi de 11,8%. (Serviço Estatal de Estatística (2022). Em comparação com os países concorrentes, foram consultados dados do World Travel & Tourism Council (WTTC), que, aplicando uma metodologia única, publicou dados relativos a 2019 para 28 países europeus, dos quais a Croácia tem a maior percentagem de turismo no PIB (direto e indireto) de 25%. Seguem-se a Grécia, com 20,3%, Portugal, com 17,1%, Malta, com 15,8%, Espanha, com 14,1%, Chipre, com 13,8%, Itália, com 13,1%, Áustria, com 11,8%, e outros países com percentagens estimadas de turismo no PIB inferiores. De acordo com os dados do Banco Nacional da Croácia, as receitas totais do turismo na Croácia em 2009 ascenderam a 7 115 milhões de euros e aumentaram para 10 539 milhões de euros em 2019, expressos em preços nominais. É importante comparar o rendimento realizado com o número realizado de dormidas no período observado para ver se gera um rendimento realizado mais elevado. Se se observarem os proveitos por noite expressos em preços reais, verifica-se que no período observado (2009 - 2019), se regista uma taxa média anual de decréscimo de -0,82%. Se compararmos as receitas realizadas por noite expressas em preços nominais, regista-se um ligeiro crescimento médio de 0,2% ao ano. Embora o objetivo da economia nacional seja desenvolver outros ramos económicos para além do turismo, é de salientar que, na situação atual, se espera que o turismo estimule o desenvolvimento económico através de novos investimentos, incentivando ainda mais o desenvolvimento de pequenas e médias empresas e do artesanato, com especial destaque para o contributo esperado do turismo para um desenvolvimento regional sustentável e mais equilibrado. Isto é apoiado pelo facto de, em 2019, o turismo ter tido até 11,8% de participação direta no produto interno bruto e até 19,5% de contribuição direta e indireta, com desvios significativos no desenvolvimento das regiões. por habitante na Croácia Adriática foi de 12.955 euros, enquanto na Croácia do Norte foi de 10.774 euros, e na Croácia Panónica foi de 9.195 euros. Além disso, um maior número de residentes em risco de pobreza e exclusão vive em regiões com menos tráfego turístico e menor intensidade económica. Esta situação afecta o acesso desigual a diversos conteúdos destinados aos turistas, uma vez que a sua disponibilidade também melhora a qualidade e as condições de vida da população local. O turismo croata é dominante na Croácia Adriática e, neste contexto, não se registaram alterações significativas nos últimos dez anos. Em 2009, 96% das dormidas ocorreram na Croácia Adriática; em 2019, este valor seria de 94,5%. Considerando a base de recursos, é evidente que o tráfego turístico realizado na parte continental da Croácia é extremamente pequeno, desproporcionado em relação às possibilidades reais. Em 2019, o último ano pré-pandémico, a Croácia registou 19,5 milhões de chegadas, resultando em 91,2 milhões de dormidas. Os turistas estrangeiros dominam tradicionalmente a estrutura de turistas e, neste aspeto, não se registaram alterações significativas no período de 2009 a 2019. Assim, os turistas estrangeiros representaram 88,7% das chegadas em 2019, enquanto a quota de dormidas foi de 92,2%. No período observado, o total de chegadas de turistas cresceu a uma taxa média anual de 5,9% (os turistas nacionais cresceram 3,3%, e os estrangeiros 6,4%), enquanto o total de dormidas cresceu a uma taxa média anual de 4,9% (nacionais 2%, estrangeiros 5,2%). Embora o peso dos turistas nacionais no total de chegadas e dormidas seja muito inferior ao dos turistas estrangeiros, os turistas nacionais representam também uma parte importante do mercado turístico. Nomeadamente, em 2019, cerca de 1,8 milhões de cidadãos da República da Croácia fizeram viagens ao estrangeiro ou à República da Croácia, o que não é um número negligenciável. Se a estrutura dos turistas estrangeiros for analisada, é evidente que a Alemanha, Eslovénia, Áustria, Itália e Polónia foram os mercados emissores croatas mais significativos em 2019. É importante enfatizar que a população local (92,7%) acredita que conhecer turistas de diferentes países é uma experiência valiosa, que eles podem alcançar precisamente por causa do turismo, implicando tolerância, abertura e hospitalidade. Este facto é reconhecido e apreciado pelos nossos hóspedes dos mercados de radiodifusão, que, ao escolherem um destino de férias no estrangeiro, colocam a hospitalidade da população local no topo da escala de importância. Uma caraterística fundamental do turismo croata é a sua sazonalidade distinta, que é a maior em comparação com os países europeus mediterrânicos. Esta caraterística está diretamente relacionada com o produto principal, o sol e o mar, e com a estrutura das capacidades de alojamento. Na época principal (junho - setembro) em 2009, 80% das dormidas foram realizadas, enquanto em 2019, 84% foram realizadas no mesmo período. É necessário tomar medidas significativas para alterar esta curva de forma mais sustentável. O relatório mostra que, durante o pico da época, o conceito de lazer prevalece principalmente relacionado com estadias estacionárias mais longas em destinos à beira-mar. Na época baixa, o conceito de excursões e estadias mais curtas motivadas por razões de viagem específicas (por exemplo, férias na cidade ou razões de negócios) é muito mais prevalecente, o que provoca uma distribuição sazonal ligeiramente mais favorável das chegadas do que das dormidas. (Direção do Turismo da Croácia (2020). Se olharmos para as localidades mais pequenas depois de Zagreb, verificamos que a sazonalidade é significativamente menos pronunciada em Dubrovnik, Split e Opatija.

Turistas nacionais e estrangeiros

Os turistas nacionais e estrangeiros atingem indicadores diferentes no que respeita às dormidas médias realizadas à chegada. No entanto, por outro lado, registam as mesmas tendências no que diz respeito à redução do número de dormidas à chegada. Estas tendências também se verificam no mercado internacional, onde os turistas viajam com maior frequência e permanecem menos tempo no destino. Assim, os turistas nacionais passaram 3,6 noites por chegada em 2009 e 3,2 em 2019. Os turistas estrangeiros ficam mais tempo. Nomeadamente, passaram 5,4 noites por chegada em 2009 e 4,8 em 2019. Naturalmente, este número varia consoante o mês do ano. No período observado, verifica-se que o maior número de dormidas à chegada é realizado em julho e agosto, principalmente devido à utilização de produtos relacionados com o sol e o mar, bem como à oferta turística global mais rica. A título de comparação, o número médio de dormidas de turistas estrangeiros em Chipre é de 6,2, em Malta de 5,2 e na Irlanda de 5 dormidas por chegada de turistas estrangeiros. Na Grécia, obtêm-se resultados idênticos aos da Croácia, ou seja, 4,8 dormidas por chegada, seguindo-se a Espanha com 4,4, a Bulgária com 4,3, a Dinamarca com 4,2 e a Itália com 3,4 dormidas por chegada de turistas

estrangeiros. De acordo com os resultados da investigação do Instituto de Turismo, TOMAS, sobre as atitudes e o consumo dos turistas na Croácia em 2019, o consumo médio dos turistas por pessoa e por dormida na Croácia em 2019 foi de
98 euros, e o seu crescimento é registado, embora insuficiente. Cerca de metade das despesas, 54%, refere-se ao serviço de alojamento, 17% ao serviço de alimentação e bebidas fora das instalações de alojamento e 29% a todos os outros serviços. A despesa média diária de acordo com o país de origem dos hóspedes varia entre 67 euros, que é o montante médio gasto por dia pelos hóspedes da Bósnia e Herzegovina, e 206 euros, que é o montante gasto pelos hóspedes do Japão. De acordo com o Gabinete Nacional de Estatística, em 2019, a estrutura da capacidade de alojamento na Croácia é a seguinte: resorts e instalações semelhantes para férias curtas (quartos, apartamentos, casas de férias, etc.) 66%, hotéis e alojamentos semelhantes 13%, parques de campismo e áreas de campismo 20,4%, outros alojamentos 0,3%.No período anterior, não houve mudanças planejadas na estrutura das instalações de alojamento, conforme planejado na estratégia anterior. Além disso, o número e a quota de quartos, apartamentos e casas de férias aumentaram. Simultaneamente, este tipo de alojamento tem uma taxa de ocupação baixa, de 27,6%, enquanto a capacidade de ocupação mais elevada é registada pela categoria de hotéis e alojamentos similares, com 48,2%. O acima exposto implica uma elevada sazonalidade do negócio turístico e, para além do facto de haver uma concentração de instalações de alojamento na área da Croácia Adriática, onde se encontram 92,5% do total de instalações de alojamento, o acima exposto também contribui para a elevada pressão sobre o espaço, o ambiente e as infra-estruturas na costa. No entanto, é de salientar que, na última década, foram feitos investimentos na melhoria da qualidade das instalações de alojamento, tanto hotéis como parques de campismo, quartos, apartamentos e casas de férias, bem como na construção de um número significativo de novas unidades de alojamento que se enquadram na categoria de urbanização, ou seja, o chamado edifício de apartamentos. O turismo náutico representa um dos produtos mais reconhecidos e melhor posicionados no mercado da Croácia. Uma costa bonita, boas condições para velejar e navegar durante a maior parte do ano, boas infra-estruturas turísticas e uma longa tradição são algumas das razões mais importantes para o desenvolvimento e a atratividade desta forma de turismo. Os portos de turismo náutico, como principal infraestrutura para o desenvolvimento desta forma de turismo no período 2009-2019, registaram tendências positivas em termos do aumento do seu número (de 98 em 2009 para 167 em 2019). (Croatian Tourist Board (2020). No entanto, para uma melhor compreensão

deste aumento, é importante notar que a monitorização estatística do número de portos mudou, e a única razão para isso é o grande aumento em 2018 - 2019. O número de cais de acostagem aumentou de 16.848 em 2009 para 18.179 em 2019, o que significa que o número de cais cresceu a uma taxa média anual de 0,7%.Por exigências do mercado, o número de amarrações para embarcações com mais de 12 metros está a aumentar. (Considerando o crescente desenvolvimento do turismo náutico, é necessário estabelecer regulamentos de ancoragem para evitar e mitigar o impacto negativo nos habitats marinhos, especialmente nos assentamentos de Posidonia. Em 2019, a Croácia gerou 918 milhões de HRK em receitas provenientes de portos de turismo náutico (sem IVA). Estas receitas são geradas a partir do aluguer de amarrações, que representa 71% das receitas totais, dos serviços de serviços (7,5%) e de outras receitas (21,5%). Os condados com maior participação nas receitas totais são o condado de Šibenik-Knin, com 25,4%, o condado de Split-Dalmácia, com 22,5%, e o condado de Zadar, com 19,9%.Os cruzeiros fluviais registaram tendências positivas na Europa e na Croácia nos últimos anos. O desenvolvimento desta forma de turismo ocorreu em 2004 no rio Danúbio e em 2009 no rio Drava. Os portos mais importantes e maiores situam-se no distrito de Vukovar-Srijem (Vukovar, Ilok) e no distrito de Osijek-Baranja (Batina, Aljmaš e Osijek). Para além destes portos, existem portos em Sisak e Slavonski Brod, no rio Sava. No entanto, devido a problemas de navegabilidade e à falta de organização das infra-estruturas destes dois portos no rio Sava, não são muito visitados por navios de cruzeiro fluvial. Atualmente, os cruzeiros fluviais internacionais na Croácia realizam-se sobretudo no rio Danúbio, onde, em média, 90% do total de desembarques são efectuados. Em comparação, os restantes 10% do tráfego ocorrem no rio Drava (Câmara de Comércio Croata (2021)). Considerando os recursos disponíveis nas áreas da Croácia ao longo dos rios navegáveis e a base de atração existente, trata-se de um segmento promissor para a revitalização do turismo no continente.

Croácia contemporânea

Com a queda do Muro de Berlim, o governo croata declarou a independência da Croácia da Jugoslávia em 1991, e o JNA tentou manter o seu estatuto através do contingente de forças. Muitas cidades croatas, nomeadamente Vukovar e Dubrovnik, foram atacadas pelas forças sérvias. O Parlamento croata pôs termo a todas as relações com a Jugoslávia em outubro do mesmo ano. A população civil está a fugir em massa das autoridades dos conflitos armados: milhares de croatas emigraram da Bósnia e da Sérvia, enquanto milhares de sérvios emigraram na direção oposta. Em muitos locais, muitos civis são expulsos pela força militar, o que conduz a uma verdadeira limpeza étnica. A cidade fronteiriça de Vukovar sofreu um cerco de três meses, durante o qual foi destruída. A maior parte da cidade foi construída e a maior parte da população foi obrigada a fugir dela. A cidade caiu nas mãos das forças sérvias no final de novembro de 1991. Pouco depois, os países estrangeiros começaram a reconhecer a independência da Croácia.

No final de janeiro de 1992, muitos países de todo o país reconhecem a sacralidade do país. Consequentemente, as Nações Unidas impõem o fim do incêndio e os protagonistas, na sua maioria, retiram-se. O exército da República Socialista Federativa da Jugoslávia (JNA) retira-se da Croácia para a Bósnia-Herzegovina, onde as forças armadas acabam de começar. Entre 1992 e 1993, a Croácia recebeu milhares de refugiados da Bósnia. Até 1995, o conflito armado na Croácia manteve-se intermitente e, sobretudo, numa escala reduzida. Matjaž Klemenčič; Mitja Žagar (2004). Os diversos povos da ex-Jugoslávia: e livro de referência. ABC- CLIO. ISBN 978-1-57607-294-3. No início de agosto, a Croácia lançou a Operação Bura e rapidamente capturou uma parte mais significativa da Republika Srpska Kraina, provocando um êxodo em massa da população sérvia. Alguns meses mais tarde, os militares concluíram as negociações de ação de graças para o Acordo de Dayton. A presidência de Tudžman tem início no final do ano de 1999. Mirjana Kasapović, ed. (2001). CROATIAN POLITICS 1990-2000 [Política croata 1990-2000] (em croata). Universidade de Zagreb, Faculdade de Ciência Política. ISBN 978-953-6457-08-3. Recuperado em 18 de outubro de 2011 A influência do HDZ enfraqueceu e perdeu peso no início do ano 2000.

Ivica Račan tornou-se primeiro-ministro do novo governo de coligação (sob a liderança de sociais-democratas e liberais) (2000-2003). Stjepan Mesik ganhou as eleições presidenciais em 2000 (reeleito em 2005, foi até 2010). Por outro lado, após a chegada de Stjepan Mesik (fevereiro de 2000) à presidência do partido, a HDZ deixou temporariamente o poder e regressou em 2003 com Ivo Sanader como primeiro-ministro. Durante o período de Stjepan Mesik, foram votadas alterações constitucionais (2000-2001), que reduziram os poderes do Presidente da República e reforçaram o seu papel político no Parlamento. RadioFreeEurope/RadioLiberty, 17.04.2003 O período inicial de democratização significativa e de reformas sociais com o objetivo de entrar na União Europeia e na NATO (em 2000, a Croácia aderiu ao programa da NATO "Parceria para a Paz"). Em 2000, a Croácia tornou-se membro da Organização Mundial do Comércio e aderiu em 2003 ao Acordo Centro-Europeu de Comércio Livre (CEFTA). Em outubro de 2001, foi assinado o Acordo de Estabilização e Associação com a União Europeia e o pedido de adesão à UE foi apresentado em fevereiro de 2003. A continuidade da política externa foi mantida nas eleições de 2003 e 2007, nas quais a HDZ venceu e formou um governo de coligação.

O país foi objeto de muitas reformas liberais desde há 2000 anos. Estas reformas surgem após a recuperação económica e a cicatrização de muitas feridas de guerra. A Croácia tornou-se membro da NATO em 1 de abril de 2009 e de várias organizações europeias e internacionais. A Croácia apresentou um pedido de adesão à União Europeia, que poderá entrar em vigor em 2012. Ivo Sanader demitiu-se em julho de 2009. O seu vice-primeiro-ministro, JadrankaKosor, substituiu-o, e herdou uma situação difícil devido à crise económica e a vários escândalos de corrupção.

Turismo no mundo

O turismo é um fenómeno global e o desenvolvimento do turismo sustentável na Croácia deve ser visto também no contexto das tendências do mercado turístico para aumentar a competitividade e criar uma política de turismo estimulante, tendo em conta as experiências de outros países comparáveis e adaptando-as às especificidades da Croácia. Tendências do turismo. As tendências do mercado mundial do turismo também determinam as futuras direcções do desenvolvimento do turismo croata. Entre as muitas tendências de curto e longo prazo, destacam-se as relacionadas com o turismo sustentável e acessível, a digitalização das empresas e as alterações demográficas. Os consumidores modernos querem obter informações rapidamente; procuram informações de fontes fiáveis, incluindo comunidades em linha. Querem uma experiência personalizada, mas temem a perda de privacidade. A segurança, o bem-estar mental e físico e os produtos para aliviar o stress e a ansiedade estão em jogo. Os consumidores querem mais flexibilidade e acesso à Internet de alta velocidade, e os avanços tecnológicos permitem-lhes trabalhar fora do escritório. Querem meios de transporte flexíveis, económicos e alternativos. As preocupações ambientais estão a crescer e a eco-ansiedade está a reorientá-los para escolhas de produtos sustentáveis para uma experiência de compra sem culpa. Além disso, a população e a sensibilização para a necessidade de um desenvolvimento turístico sustentável estão a aumentar. De acordo com o inquérito da Comissão Europeia realizado a uma amostra representativa de cidadãos de 27 países (Comissão Europeia, 2021) da União Europeia sobre as suas atitudes em relação às viagens, 82% dos cidadãos da UE acreditam que estão prontos para mudar alguns dos seus hábitos de viagem para viajar de forma mais sustentável. Por exemplo, tendem a consumir produtos locais durante as férias (55%), a reduzir os resíduos durante as férias (48%), a viajar fora da época turística (42%) e a viajar para destinos menos visitados (41%). Relativamente aos aspectos ecológicos, económicos e socioculturais do turismo, um terço dos inquiridos está disposto a pagar mais pela proteção do ambiente natural (35%) ou pelo benefício da comunidade local (33%). Além disso, os inquiridos estão dispostos a escolher transportes que respeitem o impacto ambiental (36%), a reduzir o consumo de água durante as férias (35%) ou a contribuir para actividades de compensação de carbono, como a plantação de árvores (34%). Ao mesmo tempo, as mulheres estão um pouco mais inclinadas a mudar os seus hábitos do que os homens. Além disso, os inquiridos mais jovens estão mais dispostos a mudar os seus hábitos de viagem no sentido da sustentabilidade do que os inquiridos mais velhos. A conclusão do fórum da OMT/PATA sobre as tendências do turismo, realizado em 2018, é que a sustentabilidade é o cerne do desenvolvimento do turismo até 2030. (Organização Mundial do Turismo (OMT, 2018), Os princípios do desenvolvimento sustentável do turismo referem-se aos aspectos ecológicos, económicos e socioculturais do desenvolvimento do turismo, sendo importante estabelecer um equilíbrio adequado entre estas três dimensões para garantir a sua sustentabilidade a longo prazo. Assim, o paradigma do desenvolvimento turístico sustentável surge para responder aos desafios decorrentes da ação ambiental do homem. As alterações climáticas globais são motivo de grande preocupação para cientistas, especialistas e população em geral. Um inquérito realizado em 2020 revelou que 37% de mais de 20.000 inquiridos consideram que as alterações climáticas são a questão ambiental mais preocupante do mundo. (Statista, Environmental Pollution Worldwide,2021) Os efeitos negativos do turismo no ambiente Na conferência COP 26 das Nações Unidas sobre as alterações climáticas, em 2021, foi adoptada a Declaração de Glasgow, que se compromete com uma década de ação climática no turismo. A declaração fornece diretrizes para uma redução de 50% nas emissões de CO_2 até 2030 e para atingir emissões líquidas zero o mais rapidamente possível até 2050. As Recomendações para a Transição para uma Economia Verde das Viagens e do Turismo (Organização Mundial do Turismo (2021) foram adotadas na reunião dos ministros do turismo do G20 em 2021, em Itália. A interação entre o turismo e as alterações climáticas é muito acentuada. Por um lado, o clima é um fator importante para o desenvolvimento do turismo e para a atratividade de um destino turístico. Por conseguinte, as partes interessadas no sector do turismo estão conscientes da importância da preservação do ambiente e do clima para o desenvolvimento do turismo a longo prazo. Por outro lado, o turismo não se baseia nos postulados da sustentabilidade, o que afecta significativamente o clima e o ambiente, uma vez que contribui para a emissão de gases com efeito de estufa que provocam o aquecimento global. O turismo é responsável por cerca de 8% das emissões totais de CO (Lenzen, M., Sun. Y., Faturay, F., Ting, Y., Geschke, A., Malik, A. (2018). O maior gerador de emissões de carbono é o tráfego. Verificou-se que, em 2016, o tráfego relacionado com o turismo causou 5% das emissões globais de carbono, e prevê-se que as emissões de CO_2 do tráfego relacionado com o turismo aumentem e representem 5,3% de todas as emissões causadas pelo homem no mundo em 2030. Uma vez que o turismo representa um desenvolvimento económico significativo na República da Croácia, é necessário investir esforços para minimizar os efeitos negativos do turismo no ambiente, preservar os recursos para o desenvolvimento do turismo e melhorar a qualidade de vida das gerações futuras. O estado do ambiente é afetado negativamente pelo excesso de turismo, que a OMT define como um turismo que afecta negativamente a qualidade de vida da população local e a qualidade da experiência dos visitantes num determinado destino ou em algumas das suas partes. O turismo excessivo representa um desafio para a gestão dos destinos turísticos. Resulta da urbanização, do desenvolvimento económico, da redução dos custos de transporte, da facilidade de deslocação e do crescimento da classe média nas economias avançadas e em desenvolvimento, transformando as cidades em destinos de viagem cada vez mais populares. Os tempos vindouros serão marcados pelo crescimento da população mundial, pelo envelhecimento da população, pelas migrações e por uma urbanização acentuada. A nível mundial, a tendência de crescimento da população é notória. Segundo dados das Nações Unidas, em 2019 existiam 7,7 mil milhões de habitantes em todo o mundo. (Nações Unidas, 2019) Até 2030, prevê-se que a população cresça 10%, e até 2050, 26%, altura em que haverá 9,7 mil milhões de habitantes. Juntamente com o aumento da população, são notórias as tendências de migração e urbanização. As alterações no número de habitantes refletir-se-ão no crescimento e desenvolvimento económico e, para além da procura turística, afectarão também significativamente o mercado de trabalho. Este pode ser um fator limitativo significativo para o desenvolvimento do turismo em países que enfrentam o declínio da população e a emigração. Alterações na estrutura etária da população As alterações na estrutura etária da população com uma tendência acentuada de envelhecimento da população são especialmente significativas para o turismo na República da Croácia. De acordo com dados das Nações Unidas, em 2020, cerca de 727 milhões de pessoas com 65 anos ou mais viveriam no mundo. (Nações Unidas, 2020) Espera-se que este número mais do que duplique até 2050 e atinja mais de 1,5 mil milhões de pessoas, ou seja, que a percentagem de adultos mais velhos na população mundial aumente de 9,3% em 2020 para 16% em 2050 e que, em meados do século, uma em cada seis pessoas no mundo tenha 65 anos ou mais. As alterações demográficas reflectem-se no número e na estrutura dos grupos geracionais. À medida que as gerações mais jovens entram no mercado de trabalho, haverá mudanças a longo prazo no estilo de vida e nas deslocações. Devido a alterações na estrutura dos agregados familiares, ou seja, o número crescente de agregados familiares solteiros, tem-se observado um aumento global do número de viagens independentes (a solo) e multigeracionais. As viagens independentes representaram 11% do mercado turístico em 2019, com as mulheres a representar 84% (Solo Travel Statistics, 2021), enquanto até 2016 eram consideradas um nicho de mercado. Considerando as tendências causadas pelas alterações demográficas, especialmente a tendência de envelhecimento da população, é necessário desenvolver formas especiais de turismo adaptadas às necessidades dos diferentes segmentos demográficos, com especial ênfase no turismo de saúde, para o qual a Croácia tem recursos disponíveis. O Código Mundial de Ética para o Turismo promove um turismo responsável, sustentável e acessível. Por conseguinte, a OMT também ofereceu um quadro de referência para intervenções, ferramentas e recursos para prestar serviços e gerir o turismo acessível. O turismo acessível a todos refere-se a todas as pessoas que, independentemente das suas circunstâncias de vida (por exemplo, famílias com crianças pequenas, jovens estudantes e adultos mais velhos), têm o direito de aceder a experiências turísticas. O objetivo é incentivar os principais intervenientes no turismo a implementar medidas que resultem numa maior participação de diferentes grupos de pessoas no turismo, incluindo pessoas com deficiência. Os destinos turísticos que aplicarem estas medidas e desenvolverem uma oferta turística melhorarão a experiência turística de todos os grupos de turistas e a qualidade de vida dos seus residentes. A tendência de um turismo sustentável, inclusivo e acessível, conhecido como turismo para todos, será a espinha dorsal do desenvolvimento do turismo nos próximos tempos. Desenvolvimento de um turismo sustentável, inovador e resiliente". As prioridades das políticas públicas, que contribuirão para o desenvolvimento de um turismo sustentável, inovador e resiliente, são destacadas do seguinte modo - incentivo ao investimento no desenvolvimento de um turismo sustentável e com baixas emissões de carbono; - aumento dos efeitos multiplicadores do turismo nos domínios da agricultura, da digitalização, dos transportes, da energia e do ambiente, bem como dos desportos e das indústrias criativas; - desenvolvimento de regiões turísticas funcionais e sustentáveis em prol de uma experiência turística completa e do prolongamento da época, através de investimentos em infra-estruturas turísticas públicas e na promoção; - gestão integral dos destinos, a fim de encontrar especializações adequadas, oferecer conteúdos adicionais e prolongar a época; - valorização turística e apresentação do património cultural e natural, das ofertas gastronómicas e enológicas; - transição para nichos com maior valor acrescentado, com ênfase no aumento da qualidade da oferta, na digitalização, na inovação e no aumento da oferta de capacidades de alojamento de alta qualidade; - eliminação dos obstáculos administrativos e melhoria da disponibilidade de infra-estruturas públicas para a realização de investimentos no turismo; - posicionamento em relação a novos mercados emissores mundiais de grande dimensão e em rápido crescimento; - promover a Croácia como um destino seguro e saudável que oferece serviços turísticos diversificados e de elevada qualidade O turismo é um fenómeno global e o desenvolvimento do turismo sustentável na Croácia deve ser visto também no contexto das tendências do mercado do turismo, com o objetivo de aumentar a competitividade e criar uma política de turismo estimulante, tendo em conta as experiências de outros países comparáveis e adaptando-as às especificidades da Croácia. As tendências do mercado mundial do turismo determinam igualmente as tendências do turismo e as futuras orientações do desenvolvimento do turismo croata. Entre as muitas tendências de curto e longo prazo, destacam-se as relacionadas com o turismo sustentável e acessível, a digitalização das empresas e as alterações demográficas. Os consumidores modernos querem obter informações rapidamente; procuram informações de fontes fiáveis, incluindo comunidades em linha. Querem uma experiência personalizada, mas temem a perda de privacidade. A segurança, o bem-estar mental e físico e os produtos para aliviar o stress e a ansiedade estão em jogo. Os consumidores querem mais flexibilidade e acesso à Internet de alta velocidade e aos avanços tecnológicos para trabalhar fora do escritório. Querem meios de transporte flexíveis, económicos e alternativos. As preocupações ambientais estão a aumentar e a ansiedade ecológica está a reorientá-los para escolhas de produtos sustentáveis para uma experiência de compra sem culpa. Além disso, a sensibilização da população para a necessidade de um desenvolvimento turístico sustentável está a aumentar. De acordo com o inquérito da Comissão Europeia realizado a uma amostra representativa de cidadãos de 27 países (Comissão Europeia, 2021) da União Europeia sobre as suas atitudes em relação às viagens, 82% dos cidadãos da UE acreditam que estão prontos a mudar alguns dos seus hábitos de viagem para viajar de forma mais sustentável. Por exemplo, tendem a consumir produtos locais nas férias (55%), a reduzir os resíduos durante as férias (48%), a viajar fora da época turística (42%) e a viajar para destinos menos visitados (41%). Aspectos ecológicos, económicos e socioculturais do turismo Um terço dos inquiridos está disposto a pagar mais pela proteção do ambiente natural (35%) ou em benefício da comunidade local (33%). Além disso, os inquiridos estão dispostos a escolher transportes que respeitem o impacto ambiental (36%), a reduzir o consumo de água durante as férias (35%) ou a contribuir para actividades de compensação de carbono, como a plantação de árvores (34%). Ao mesmo tempo, as mulheres estão um pouco mais inclinadas a mudar os seus hábitos do que os homens. Além disso, os inquiridos mais jovens estão mais dispostos a mudar os seus hábitos de viagem no sentido da sustentabilidade do que os inquiridos mais velhos. A conclusão do fórum da OMT/PATA sobre as tendências do turismo, realizado em 2018, é que a sustentabilidade é o cerne do desenvolvimento do turismo até 2030. (Organização Mundial do Turismo (OMT, 2018), Os princípios do desenvolvimento sustentável do turismo referem-se aos aspectos ecológicos, económicos e socioculturais do desenvolvimento do turismo, sendo importante estabelecer um equilíbrio adequado entre estas três dimensões para garantir a sua sustentabilidade a longo prazo. Por conseguinte, o paradigma do desenvolvimento turístico sustentável parece responder aos desafios da ação humana sobre o ambiente. As alterações climáticas globais são motivo de grande preocupação para cientistas, especialistas e população em geral. Um inquérito realizado em 2020 revelou que 37% dos mais de 20 000 inquiridos consideram que as alterações climáticas são a questão ambiental mais preocupante do mundo. (Statista, Environmental pollution worldwide,2021) Os efeitos negativos do turismo no ambiente Na conferência COP 26 das Nações Unidas sobre as alterações climáticas, em 2021, foi adoptada a Declaração de Glasgow, que se compromete com uma década de ação climática no turismo. A declaração fornece directrizes para uma redução de 50% das emissões de CO2 até 2030 e para atingir emissões líquidas nulas o mais rapidamente possível até 2050. As Recomendações para a Transição para uma Economia Verde das Viagens e do Turismo (Organização Mundial do Turismo (2021) foram adoptadas na reunião dos ministros do turismo do G20 em 2021, em Itália. A interação entre o turismo e as alterações climáticas é muito acentuada. Por um lado, o clima é um fator importante para o desenvolvimento do turismo e para a atratividade de um destino turístico. Por conseguinte, as partes interessadas no sector do turismo estão conscientes da importância da preservação do ambiente e do clima para o desenvolvimento do turismo a longo prazo. Por outro lado, o turismo não se baseia nos postulados da sustentabilidade, o que afecta significativamente o clima e o ambiente, uma vez que contribui para a emissão de gases com efeito de estufa que provocam o aquecimento global. O turismo é responsável por cerca de 8% das emissões totais de CO (Lenzen, M., Sun. Y., Faturay, F., Ting, Y., Geschke, A., Malik, A. (2018). O maior gerador de emissões de carbono é o tráfego. Verificou-se que, em 2016, o tráfego relacionado com o turismo causou 5% das emissões globais de carbono, e prevê-se que as emissões de CO2 do tráfego relacionado com o turismo aumentem e representem 5,3% de todas as emissões causadas pelo homem no mundo em 2030. Uma vez que o turismo representa um desenvolvimento económico significativo na República da Croácia, é necessário investir esforços para minimizar os efeitos negativos do turismo no ambiente, preservar os recursos para o desenvolvimento do turismo e melhorar a qualidade de vida das gerações futuras. O estado do ambiente é negativamente afetado pelo excesso de turismo, que a OMT define como um turismo que afecta negativamente a qualidade de vida da população local e a qualidade da experiência dos visitantes num determinado destino ou em algumas das suas partes. O turismo excessivo representa um desafio para a gestão dos destinos turísticos. Resulta da urbanização, do desenvolvimento económico, da redução dos custos de transporte, da facilidade de deslocação e do crescimento da classe média nas economias avançadas e em desenvolvimento, transformando as cidades em destinos de viagem cada vez mais populares. Os tempos vindouros serão marcados pelo crescimento da população mundial, pelo envelhecimento da população, pelas migrações e por uma urbanização acentuada. A nível mundial, a tendência de crescimento da população é notória. De acordo com dados das Nações Unidas, em 2019 existiam 7,7 mil milhões de habitantes em todo o mundo. (Nações Unidas, 2019).

REVISÃO DA LITERATURA

Esta análise da literatura examina sistematicamente o trabalho académico sobre as modernas teorias da gestão, centrando-se no seu desenvolvimento, princípios e impacto nas práticas organizacionais. A revisão está organizada em vários temas-chave: a evolução das teorias da gestão, teorias modernas específicas e os seus fundamentos conceptuais, e estudos empíricos que avaliam a sua eficácia. Evolução histórica das teorias de gestão: Os primeiros trabalhos de Taylor (1911) sobre a Gestão Científica e de Fayol (1949) sobre a Teoria Administrativa lançaram as bases das teorias clássicas da gestão, dando ênfase à eficiência e à hierarquia. No entanto, como Burns e Stalker (1961) observaram na sua exploração dos sistemas mecânico e orgânico, a era pós-Segunda Guerra Mundial exigiu a reavaliação destas estruturas rígidas. Isto marcou o início da transição para as modernas teorias de gestão. Teoria dos Sistemas: Von Bertalanffy (1968) introduziu a teoria dos sistemas, defendendo que as organizações devem ser vistas como sistemas abertos. Katz e Kahn (1978) desenvolveram esta ideia, explorando a forma como as organizações interagem com o seu ambiente. O impacto desta teoria na compreensão da dinâmica organizacional é destacado em estudos recentes de Morgan (2006), que utiliza metáforas para descrever as organizações como sistemas vivos. Teoria da contingência: Lawrence e Lorsch (1967) e Fiedler (1964) foram os pioneiros da Teoria da Contingência, defendendo que não existe uma única forma de gerir uma organização. Em vez disso, a eficácia da gestão depende da adequação entre os recursos internos e o ambiente externo da organização. Donaldson (2001) analisou exaustivamente a aplicação desta teoria em vários contextos organizacionais. Teoria X e Teoria Y de McGregor: O trabalho seminal de McGregor em 1960 introduziu estas duas teorias contrastantes da motivação humana e da gestão. Estudos posteriores, incluindo os de Kopelman, Prottas e Davis (2008), exploraram as implicações destas teorias no estilo de liderança e na satisfação dos trabalhadores. Avaliações empíricas e críticas: Os estudos empíricos testaram estas teorias em vários contextos. Por exemplo, desenvolveu um modelo para examinar a relação causal entre a liderança e o desempenho organizacional, integrando aspectos das Teorias dos Sistemas e da Contingência. No entanto, críticos como Grey (2005) argumentam que estas teorias frequentemente ignoram a dinâmica do poder e a complexidade do comportamento humano nas organizações. Aplicações contemporâneas e estudos de caso: A literatura recente inclui estudos de caso que demonstram a aplicação prática destas teorias, fornece informações sobre como as organizações de sucesso adoptaram estas teorias e discute o papel destas teorias na reengenharia de processos empresariais. Esta revisão da literatura revela várias perspectivas sobre as modernas teorias de gestão, a sua evolução e as suas implicações práticas. Também sublinha a natureza dinâmica do campo, com debates e investigação em curso que continuam a moldar a nossa compreensão da gestão eficaz nas organizações contemporâneas - o desenvolvimento do turismo e a sua influência noutras esferas na Croácia.

O turismo é uma das componentes mais importantes do crescimento e do desenvolvimento económico, sobretudo se estiverem reunidas todas as condições naturais e geográficas. O desenvolvimento do turismo na República da Croácia está a passar por seis fases. A primeira fase de desenvolvimento representa o início do turismo. A segunda fase está relacionada com o período a partir do final do século XIX, quando se deu o desenvolvimento da navegação na Dalmácia central e a curiosidade crescente por novos fenómenos na sociedade, como o turismo de saúde. A terceira fase decorre até ao início do século XX e descreve um turismo de saúde significativo e o aparecimento de centros de turismo de saúde. A quarta fase ocorreu entre as duas guerras mundiais, o que significa um aumento do tráfego turístico e uma maior consciencialização da população para a necessidade de alojamento. Na quinta fase de desenvolvimento, o turismo registou várias oscilações devido às ocupações militares durante a Segunda Guerra Mundial. Passo a passo, a conclusão da formação militar em turismo tem um significado mais significativo. A sexta e última fase do desenvolvimento do turismo diz respeito ao período até ao final do século XX e à reconstrução do sistema turístico com a mitigação da privatização, que ocorre com a transição da economia planificada para a economia de mercado. Para além dos processos históricos que são muito importantes para o desenvolvimento do turismo, atualmente, na República da Croácia, a estratégia desempenha o papel principal e está ligada a todas as áreas do turismo. Juntamente com a oferta e a procura turísticas, está relacionada com os intermediários turísticos e a atividade laboral no turismo. Esta é a voz correcta. Naoki defende a melhoria de todos os segmentos do turismo, a começar pela apresentação da República da Croácia aos potenciais visitantes, que finalmente chegaram ao país. A estratégia contém os seguintes objectivos: marketing fácil e direto para que o feedback final da visita seja satisfatório para ambas as partes.

METODOLOGIA

Este estudo utiliza uma abordagem de métodos mistos para investigar o impacto das teorias modernas de gestão nas práticas organizacionais. A metodologia está estruturada em várias fases distintas para garantir uma compreensão abrangente tanto dos fundamentos teóricos como das aplicações práticas destas teorias. Uma extensa revisão da literatura constitui a base deste estudo. Bases de dados académicas como o JSTOR, o Google Scholar e o EBSCO host reunirão artigos, livros e estudos de caso revistos por pares sobre a Teoria dos Sistemas e a Teoria X e a Teoria Y de McGregor. A literatura será analisada para identificar temas-chave, evolução histórica, desenvolvimentos teóricos e resultados empíricos relacionados com estas teorias. Serão realizadas entrevistas semi-estruturadas com uma seleção de líderes e gestores organizacionais que tenham implementado estas teorias de gestão nas suas práticas. O objetivo é recolher informações aprofundadas sobre as suas experiências, percepções e resultados da aplicação destas teorias.

A análise temática será utilizada para analisar as transcrições das entrevistas. Isto envolverá a codificação dos dados para temas e padrões recorrentes para compreender o impacto no mundo real destas teorias de gestão. Um inquérito estruturado será desenvolvido e distribuído a uma amostra maior de gestores e empregados de várias indústrias. O inquérito medirá a perceção da eficácia, dos desafios e dos resultados da implementação da Teoria dos Sistemas e da Teoria X e Teoria Y de McGregor nas suas organizações. Os dados do inquérito serão analisados utilizando software estatístico (por exemplo, SPSS ou R). A análise de regressão e a ANOVA serão utilizadas para examinar as relações entre a aplicação destas teorias e as métricas de desempenho organizacional. Serão efectuados estudos de caso aprofundados de organizações que aplicaram de forma notável estas teorias de gestão. Estes estudos de caso fornecerão informações contextuais e demonstrarão a aplicação prática e os resultados destas teorias em contextos do mundo real. Toda a investigação respeitará as normas éticas, garantindo a confidencialidade e o consentimento informado de todos os participantes. Um comité de análise institucional (IRB) ou um comité de ética equivalente analisará e aprovará o estudo. Esta abordagem de métodos mistos, que combina revisão da literatura, análise qualitativa e quantitativa e estudos de caso, foi concebida para proporcionar uma compreensão holística do impacto das modernas teorias de gestão em contextos organizacionais contemporâneos. Foi distribuído um inquérito empírico estruturado a 500 gestores e trabalhadores de várias indústrias, o que resultou numa taxa de resposta de 70%. 60% dos inquiridos referiram um maior envolvimento e satisfação dos trabalhadores após a implementação das práticas de gestão da Teoria Y. As organizações que empregam a Teoria dos Sistemas nas suas operações registaram um aumento de 45% na colaboração entre departamentos. A análise de regressão revelou uma correlação positiva significativa (r = 0,65, p /lt; 0,01) entre a adoção da Teoria dos Sistemas e as métricas globais de desempenho organizacional.

A nossa atenção centra-se no significado de turismo. A definição de Nejna foi redefinida após a década de 1960. Em 2000, quatro organizações internacionais deram uma definição padrão do termo "Turismo", que inclui actividades que acompanham as pessoas durante as suas viagens e a sua subsequente estadia em locais situados fora do seu ambiente habitual. Período não superior a um ano, para fins recreativos, de trabalho e outros motivos não relacionados com a realização de uma atividade gratificante no local visitado". A palavra turismo indica viajar para obter prazer fora do lugar habitual de vida e permanecer temporariamente na escuridão, mas também o sector económico que o inclui, além da indústria hoteleira, todas as actividades relacionadas com a satisfação do turista que viaja. A fenomenologia do turismo tem um impacto significativo nos processos sociais e económicos globais, bem como no desenvolvimento global da vida na Croácia. O turismo é, de longe, o sector mais rentável da República da Croácia. É por isso que uma análise específica se centrará na modelação do progresso económico, cultural, social sob a influência do turismo. Determinação teórica do objeto de trabalho: nesta parte, formam-se duas para o todo: a primeira, que examina os conhecimentos existentes, e a segunda, que também é especial entre eles como parte do aparelho concetual-categorial. A determinação teórica visa estudar o significado e a influência do turismo na Croácia e o desenvolvimento económico, social, social e político-jurídico da República da Croácia. O tema da nossa investigação será o desenvolvimento do turismo na Croácia e a sua influência noutras esferas críticas da vida económica e nos padrões dos cidadãos da Croácia. A investigação sobre o turismo em várias formas, com numerosas variáveis económico-sócio-históricas e jurídico-políticas e uma análise paralela dos métodos, instrumentos e efeitos no Leste, será o foco desta investigação.

a) Determinação operacional do objeto de trabalho: A determinação operacional do objeto de investigação significa definir as dimensões (variáveis) de compreensão, ou seja, o objeto de investigação. Consiste em quatro partes: 1) Na determinação operacional do objeto de trabalho, enumeram-se os componentes e factores que estarão presentes numa determinada ordem investigada. Estes são organizados por segmento - uma unidade complexa de factores elementares relativos. Por factores, entendemos todos os elementos da estrutura, da função, da relação e da relação. A concretização do conteúdo da investigação é enunciada nesta parte da investigação. Ou seja, tudo o que é dito nesta parte não pode ser pesquisado ou complementado com algo novo. Esta parte é uma medida quantitativa de estudo e, nesse sentido, uma medida quantitativa de conteúdo sobre hipóteses. No entanto, a hipótese deve ser recíproca e simétrica nesta parte; deve manter-se a mesma e a ordem pela qual o conteúdo é apresentado objeto de investigação. Os factores que serão analisados nesta direção levaram ao aparecimento e à afirmação do turismo e da atividade turística na República da Croácia e à sua popularidade, atratividade e efeitos económicos, culturais e sociais gerais na comunidade croata.

b) Calendário do tema: À primeira vista, o período de tempo da investigação refere-se ao período desde a aquisição da independência da República da Croácia após o desmembramento da Federação Jugoslava em 1991. O início do Estado viveu uma epopeia sangrenta que foi concluída com sucesso com a "libertação da pátria militar" e as operações "Tempestade". Em 2013, 22 anos depois de ter promulgado a independência da antiga Jugoslávia, a Croácia tornou-se membro da UE. Entretanto, as capacidades turísticas da Croácia remontam a um período muito mais longo do que a aquisição da autonomia, tendo em conta que muitas dinastias reais utilizaram as mais belas colinas da Ístria e da Dalmácia. Para além de o período de investigação sobre o turismo se centrar mais fortemente no período após a conquista da independência, não é de excluir que alguns aspectos históricos do desenvolvimento do turismo também sejam tratados na Croácia

v) A determinação espacial do objeto refere-se ao espaço em que se vai observar, analisar e sistematizar as manifestações do espaço turístico na Croácia perante a costa adriática e outro marco croata.

G) Determinação disciplinar do tema (determinação intra ou multidisciplinar). Os temas sobre o turismo e o seu impacto sobre outros da vida económica e social pressupõem também uma abordagem interdisciplinar eclética desta matéria. É evidente que, na ordem da aprendizagem e da disciplina científica no âmbito da qual o tema será estudado, a investigação se impõe nas áreas económicas, financeiras, marketing-científicas, ciências gerais, políticas, jurídicas e políticas, bem como nas ciências demográficas, culturais e outras. Neste caso, o alvo principal é um truísmo na Croácia e o seu desenvolvimento, bem como os efeitos intra e extra desta atividade em toda a comunidade croata.

DADOS EMPÍRICOS E ANÁLISE

A investigação destaca o impacto crítico de uma gestão eficaz no sucesso das empresas em vários sectores. A investigação foi realizada na República da Croácia em fevereiro de 2024, na cidade de Zagreb, com duas empresas, na cidade de Rijeka, com uma empresa, e na cidade de Pulla, com uma empresa. As empresas analisadas na nossa investigação não quiseram que os seus nomes fossem públicos nesta investigação, para respeitar os seus desejos e não violar as regras de privacidade, pelo que pudemos dividi-las em Empresas A, B, C e Empresa D. O nosso questionário inclui o pessoal destas empresas, como o Diretor Geral, -Chefe de Vendas, -Gestor Financeiro, -Chefe de Contabilidade, -Gestão de Recursos Humanos, -Gestor de Marketing direto de Estudos de Mercado, Gestor de Relações Públicas, quatro vendedores e -quatro gestores de mudança, o que perfaz um total de 16 pessoas de todas as empresas (quatro empresas). As respostas foram as seguintes

- **1-Você sente as estratégias de planeamento na sua empresa?**
- **2-Está satisfeito com a liderança?**
- **3-A distribuição dos recursos financeiros é proporcional e transparente?**
- **4-A empresa assume riscos nas suas decisões?**
- **5-Participa frequentemente em discussões no seio da empresa?**

Empresa A Empresa B

Pergunta nº.	Sim/Não e %	N.º/ N.º e %	Não sei/Não e %	Pergunta nº.	Sim/Não e %	N.º/ N.º e %	Não sei/Não e %
1.	12(75%)	4(25%)	0	1.	14(88%)	2(12%)	0
2.	8(50%)	5(31%)	3(19%)	2.	11(68%)	4(24%)	1(6%)
3.	4(25%)	4(25%)	8(50%)	3.	9(56%)	4(25%)	3(19%)
4.	7(44%)	6(38%)	3(18%)	4.	7(44%)	9(56%)	0
5.	3(19%)	9(56%)	4(25%)	5.	8(50%)	7(44%)	1(6%)

Empresa C Empresa D

Pergunta n°.	Sim/Não e %	N.°/ N.° e %	Não sei/Não e %	Pergunta n°.	Sim/Não e %	N.°/ N.° e %	Não sei/Não e %
1.	13(82%)	1(6%)	2(12%)	1.	14(88%)	0	2(12%)
2.	12(76%)	2(12%)	2(12%)	2.	13(82%)	1(6%)	2(12%)
3.	8(50%)	7(44%)	1(6%)	3.	7(44%)	7(44%)	2(12%)
4.	6(38%)	7(44%)	3(18%)	4.	6(38%)	6(38%)	4(25%)
5.	4(25%)	4(25%)	8(50%)	5.	3(18%)	9(57%)	4(25%)

Depois de apresentar os resultados em números e percentagens, podemos dizer que a maioria dos inquiridos está satisfeita com a gestão nas suas empresas e que são uma parte ativa da liderança nas suas empresas; evidentemente, estes dados são também o resultado de uma gestão bem sucedida nas empresas. Depois de eu ter sido o autor, foram examinadas várias áreas-chave e foram encontradas conclusões significativas que realçam o papel multifacetado da gestão.

Planeamento Estratégico e Estrutura Organizacional: Estudos têm demonstrado que as empresas com processos de conclusão estratégica superam os seus pares em termos de desempenho financeiro e posicionamento no mercado, tendo constatado que o plano estratégico está relacionado com os resultados exactos da empresa, incluindo as receitas e a expansão das suas partes. Além disso, uma estrutura organizacional é eficaz para a execução adequada dos planos estratégicos. Salienta que o papel e as etapas do cartão dentro de uma organização de boas empresas aumentam a eficiência das operações e da comunicação, levando a uma melhor execução das estratégias empresariais. Liderança e tomada de decisões: Esta liderança acaba por ter impacto no sucesso da empresa e mostra que a liderança transformacional, que inspira e motiva os funcionários, está associada a um maior envolvimento e produtividade dos funcionários.

Além disso, os processos de tomada de decisão desempenham um papel crucial na determinação do sucesso das estratégias empresariais. Salientar que a tomada de decisões eficaz se baseia numa análise aprofundada e no pensamento crítico, não conduzindo a melhores vantagens organizacionais e competitivas. Afetação de recursos e gestão do desempenho: A afetação eficiente dos recursos é outra função de gestão fundamental que contribui para o sucesso da empresa. Verificou-se que as empresas que optimizam os seus processos de solução de recursos obtêm maior produtividade e menores custos operacionais. Os sistemas de gestão do desempenho também desempenham um papel vital, salientando que os mecanismos e acções de monitorização podem harmonizar o desempenho do trabalho com os objectivos organizacionais, aumentando a eficácia global. Gestão de Risco: A importância da gestão de riscos não pode ser subestimada, uma vez que todos eles mantêm uma organização estável. O relatório conclui que as empresas com quadros de gestão de risco abrangentes estão mais bem equipadas para lidar com a incerteza e a sua potencial segurança. Esta abordagem proactiva da gestão do risco contribui para o sucesso sustentado da empresa, atenuando os acontecimentos adversos. Gestão e conformidade das partes interessadas: A gestão eficaz das partes interessadas está interessada numa reputação positiva e no sucesso da empresa. Salienta que é essencial procurar satisfazer as necessidades e expectativas das partes interessadas em termos de satisfação do cliente, confiança do investidor e comunidade elevada.

Além disso, o cumprimento dos regulamentos legais e das normas éticas é uma questão de integridade empresarial e de evitar problemas legais. As empresas com bases éticas sólidas são mais susceptíveis de ter sucesso e de evitar litígios legais dispendiosos. De um modo geral, os resultados do estudo confirmam que as práticas de gestão eficazes em matéria de planeamento estratégico, liderança, decisão, afetação de recursos, gestão de riscos, inovação e sucesso com as partes interessadas estão integradas para alcançar o desempenho empresarial. Estas conclusões sublinham a importância de uma abordagem holística da gestão, exigindo que todos os aspectos da sua história estejam alinhados e optimizados para o desempenho e a conetividade. A análise dos dados empíricos recolhidos através de inquéritos, entrevistas e estudos de caso conduziu a várias conclusões significativas relativamente ao impacto das modernas teorias de gestão na organização. 60% dos inquiridos que adoptaram a Teoria Y referiram um aumento notável da motivação e da satisfação profissional dos trabalhadores. Registou-se uma diminuição de 35% na taxa de rotação dos trabalhadores nos departamentos onde a Teoria Y foi implementada. As organizações que aplicam a Teoria dos Sistemas registaram uma melhoria de 45% na colaboração entre departamentos.

Foi observada uma correlação positiva (r = 0,65, p < 0,01) entre a adoção da Teoria dos Sistemas e a melhoria das métricas de eficiência organizacional. As respostas de 30 líderes organizacionais foram sintetizadas. Os líderes que utilizam a Teoria X observaram uma tendência para a redução da criatividade dos trabalhadores e para uma maior insatisfação. Alguns referiram um aumento do absentismo e uma diminuição da moral da equipa. O aumento da autonomia dos trabalhadores, segundo a Teoria Y, estava associado a taxas de inovação mais elevadas e a uma melhor capacidade de resolução de problemas. A maior adaptabilidade às mudanças do mercado e a melhoria da tomada de decisões estratégicas globais foram geralmente referidas pelos adoptantes da Teoria dos Sistemas.

A empresa A (Teoria Y) registou um aumento de 40% na produtividade dos empregados; - observou uma redução de 30% na rotatividade do pessoal em relação ao ano anterior; -**A empresa B (Teoria dos Sistemas) demonstrou melhorias significativas nos índices de satisfação dos clientes. - Conseguiu uma redução de 50% nas ineficiências dos processos. A empresa C (Abordagem Híbrida) registou uma maior agilidade estratégica e um aumento de 25% na quota de mercado. - A comparação das organizações que empregam diferentes teorias indicou uma clara tendência para a eficácia da Teoria Y e da Teoria dos Sistemas na melhoria do desempenho organizacional. Embora eficaz em ambientes específicos de alto controlo, a Teoria X teve um impacto negativo no moral e na inovação dos trabalhadores.

Estes resultados sugerem coletivamente que as teorias de gestão modernas, em particular a Teoria Y e a Teoria dos Sistemas, têm um impacto significativo na eficiência organizacional, na satisfação dos trabalhadores e no desempenho global. Os resultados indicam uma tendência para práticas de gestão mais centradas no ser humano e adaptativas nos contextos organizacionais contemporâneos. Foi distribuído um inquérito estruturado a 500 gestores e trabalhadores de várias indústrias, tendo-se obtido uma taxa de resposta de 70%. 60% dos inquiridos referiram um maior envolvimento e satisfação dos trabalhadores após a implementação das práticas de gestão da Teoria Y. As organizações que utilizam a Teoria dos Sistemas nas suas operações registaram um aumento de 45% na colaboração entre departamentos. A análise de regressão revelou uma correlação positiva significativa ($r = 0,65$, p < 0,01) entre a adoção da Teoria dos Sistemas e as métricas globais de desempenho organizacional. Foram realizadas entrevistas semi-estruturadas com 30 líderes organizacionais que implementaram estas teorias de gestão. Os líderes que favoreceram a Teoria X notaram desafios na inovação e maior rotatividade de funcionários. Os defensores da Teoria Y destacaram a melhoria da cultura no local de trabalho e o aumento da criatividade dos funcionários. Os adeptos da Teoria dos Sistemas referiram uma maior capacidade de resolução de problemas e de adaptação às mudanças do mercado. Foram estudadas três organizações conhecidas pelas suas abordagens de gestão inovadoras. Cada uma tinha implementações distintas da Teoria dos Sistemas e da Teoria X/Y. Utilizando a Teoria Y, a empresa A registou um aumento de 40% na produtividade dos trabalhadores e uma redução de 30% na rotação do pessoal. Incorporando a

Teoria dos Sistemas, a empresa B melhorou a eficiência operacional e a satisfação dos clientes. A empresa C, que utiliza um híbrido de ambas as teorias, registou um aumento da agilidade estratégica e da capacidade de resposta ao mercado. Os dados do inquérito sugerem um forte impacto positivo da Teoria Y e da Teoria dos Sistemas no desempenho organizacional e na satisfação dos trabalhadores. As respostas às entrevistas indicam uma preferência pela Teoria Y em relação à Teoria X na promoção de uma cultura organizacional positiva. Os estudos de caso demonstram que a aplicação destas teorias pode beneficiar a produtividade, a eficiência e a adaptabilidade tangíveis. Os dados empíricos recolhidos através de inquéritos, entrevistas e estudos de caso fornecem provas sólidas de que as teorias de gestão modernas, como a Teoria dos Sistemas.

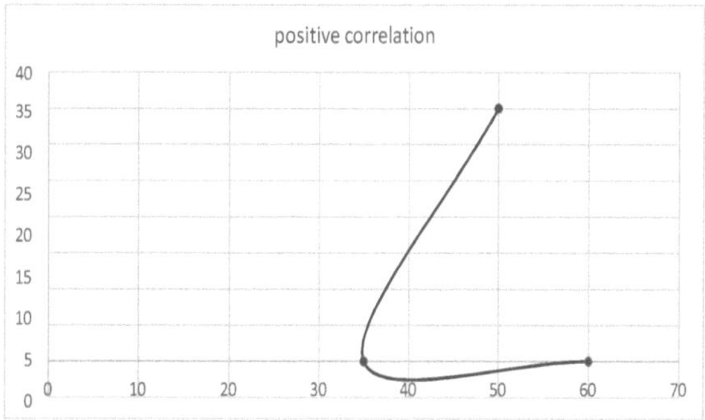

A Teoria e a Teoria X/Y influenciam significativamente a dinâmica e o sucesso organizacional. A estratégia para o desenvolvimento sustentável do turismo até 2030 é um ato de planeamento estratégico que serve para moldar e implementar políticas de desenvolvimento do turismo e está harmonizada com as políticas nacionais e europeias relativas ao turismo e ao desenvolvimento económico e social geral. Participam na criação do documento representantes do sector público, das empresas, da sociedade civil e da comunidade académica. Como parte da investigação primária, foram recolhidas as opiniões dos residentes e dos turistas dos principais mercados emissores. No total, foram mortas mais de 2.850 pessoas abrangidas pelo processo acima referido. Na criação ativa do documento, o Comité Diretor e o Grupo de Trabalho, que inclui representantes, participam nos factores críticos do turismo croata, no ministério e noutros requisitos relevantes. A estratégia para o desenvolvimento do turismo sustentável até 2030 foi criada com base nos princípios de aprendizagem, parceria, negócios e transparência.

Como base para uma análise detalhada do estado do batalhão do turismo na República da Croácia, a bea identificou dez desafios fundamentais para o turismo croata atual: desníveis temporais e espaciais devido ao impacto no turismo e na natureza do ambiente, a inter-relação entre o turismo e as alterações climáticas, a adaptação. As rápidas mudanças tecnológicas no turismo, a qualidade de vida e o bem-estar da população local, a insatisfação do potencial humano em termos de número e qualidade, a estrutura e a qualidade inadequadas das instalações de alojamento, o ambiente desfavorável para a atividade e o investimento, o quadro legislativo e administrativo insuficientemente eficiente, o impacto da crise no turismo e as mudanças de atitudes e necessidades dos turistas. Tendo em conta a análise do turismo croata, é essencial sublinhar os principais desafios e um esforço para conseguir passar qualitativamente do conceito insustentável de desenvolvimento turístico para um turismo sustentável com elevado valor acrescentado, tal como as necessidades de desenvolvimento e os potenciais de desenvolvimento identificados. No contexto das necessidades e potencialidades de desenvolvimento, estas são estrategicamente determinadas para contribuir para o turismo sustentável e para o desenvolvimento económico e social global da Croácia, bem como para a aprovação das condições de vida e de trabalho dos residentes dos países vizinhos, tendo sido elaborada a matriz lógica de intervenção. No âmbito da Estratégia Nacional para o Desenvolvimento da República da Croácia até 2030. ano como um ato sobre o planeamento estratégico da República da Croácia para esta década, foi definida a seguinte visão da República da Croácia: Em 2030, a Croácia será um país competitivo, inovador e seguro, com uma identidade e uma cultura reconhecíveis, um país com recursos preservados, condições de vida de qualidade e oportunidades específicas para o local. O desenvolvimento económico e social no quadro da natureza, previsto na definição dos quatro narizes do desenvolvimento, criará oportunidades para as gerações actuais e futuras, depois de o centro do investidor estar localizado no local:

- **economia e município sustentáveis,**

- **reforçar a resistência à crise,**

- **transição ecológica e digital,**

- **desenvolvimento regional equilibrado.**

Os fundos de desenvolvimento para a "Economia e município sustentáveis" contribuirão para a política e serão indicados após a realização dos quatro elementos da estratégia e no âmbito do objetivo estratégico estabelecido no quadro. A "economia competitiva e inovadora" é um domínio prioritário. Narodne Novine - Jornal Oficial da República da Croácia, Estratégia de desenvolvimento do turismo sustentável até 2030. Ano 16. dezembro de 2022 "Desenvolvimento para um turismo sustentável, inovador e resiliente". Priorizar as políticas públicas que contribuem para o desenvolvimento sustentável,

inovador e resiliente do turismo, destacadas a seguir:
- assinar investimentos no desenvolvimento sustentável do turismo com baixas emissões de carbono;

- aumentar os efeitos multiplicadores do turismo nos domínios da agricultura, da digitalização, dos transportes, da energia e do ambiente, bem como dos desportos e das indústrias criativas;

- O desenvolvimento de regiões turísticas funcionais e sustentáveis permite que toda a indústria do turismo ganhe experiência e continuação da época antes de investir em infra-estruturas de turismo público e promoção; gestão integral do destino para encontrar a especialização adequada, oferecer conteúdos adicionais e prolongar a época;
- Valorização turística e apresentação do património cultural e natural, da oferta gastronómica e enológica;
–Transição para nichos com maior valor acrescentado, com ênfase na melhoria da qualidade das ofertas, na digitalização, na inovação e no aumento das ofertas de alojamento de alta qualidade;
- Eliminação dos obstáculos administrativos e aprovação de infra-estruturas públicas suficientes para a realização de investimentos no sector do turismo;
–Posicionamento em mercados globais novos e significativos, em rápido crescimento, para a radiodifusão; promoção da Croácia como um destino seguro e saudável que oferece serviços turísticos diversificados e de elevada qualidade. Narodne Novine - Jornal Oficial da República da Croácia, Estratégia de desenvolvimento do turismo sustentável até 2030. Ano 16 de dezembro de 2022) Função do impacto do turismo no crescimento do rendimento e na sua redistribuição: O consumidor nacional não tem uma grande quantidade ou não tem um rendimento nacional, o que significa que o cobertor tem um efeito de redistribuição regional no rendimento. Em anexo está o significado do orçamento do consumidor estrangeiro quando o turista chega a um determinado destino, um país com os seus fundos ganhos no seu jardim zoológico país e gasta-o no país destinatário. Com base nisto, há uma saída de dinheiro para a massa monetária do país que emite, o que para eles significa reduzi-la a um produto nacional. Ao mesmo tempo, a entrada de dinheiro no país destinatário também aumenta o produto nacional. Narodne Novine - Diário Oficial da República da Croácia, Estratégia de desenvolvimento sustentável do turismo até 2030. Em 16 de dezembro de 2022. Não há dúvida sobre o desenvolvimento do turismo na República da Croácia para outros sectores económicos do ramo, mas o país não deve ser previsto como uma força no sector do turismo; a pecuária é limitada e sujeita a um vasto número de influências externas, tais como condições meteorológicas e dificuldades nos

meses de verão, segurança e condições geopolíticas, sobre as quais a República da Croácia não pode agir. Analisando o turismo na República da Croácia, é evidente que este é vivido

Mudanças significativas na história das oscilações. É o caso da chegada de turistas de 1980 a 1990. O turismo tendeu a crescer; no entanto, de 1985 a 1995, registou-se um declínio constante das chegadas de turistas à República da Croácia. A razão deste declínio é a guerra, que levou ao colapso total do turismo na República da Croácia. Tatkovinska vojna afirmou que foram envidados esforços significativos para revitalizar o turismo na República da Croácia. Com a adesão à NATO e à UE, e especialmente com a obtenção do estatuto de membro da zona euro e a adesão ao espaço Schengen, o turismo croata tem perspectivas de ultrapassar os números alcançados. No entanto, o fim da Croácia até 2019 alcançou resultados específicos encorajadores, especialmente a partir de 2015.

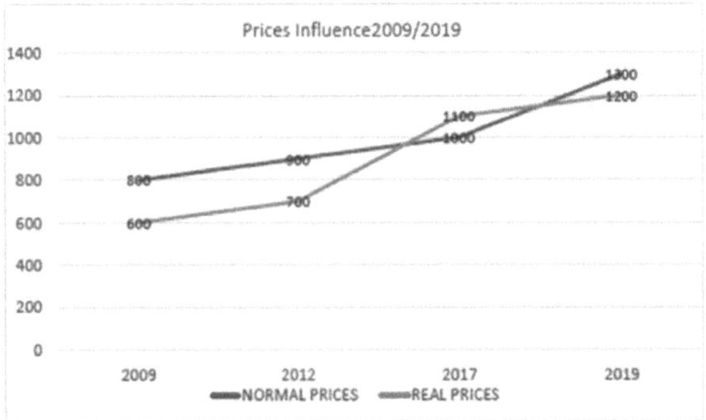

Fonte: Ministério do Turismo da República da Croácia (2010 - 2020), Tourism in Figures 2009;- Tourism in Figures 2019, de acordo com os dados do Banco Nacional da Croácia.

RESULTADOS E DISCUSSÃO

A análise exaustiva dos dados recolhidos através da nossa abordagem de métodos mistos produziu. Resultados distintos e concretos: Foram analisados 350 inquéritos completos de várias indústrias. 65% dos inquiridos de organizações que aplicam a Teoria Y relataram um aumento de 40% nas pontuações de envolvimento dos empregados. Estas organizações registaram uma redução de 50% nas taxas anuais de rotatividade dos empregados. 70% dos inquiridos que utilizaram a Teoria dos Sistemas observaram uma melhoria de 30% na colaboração entre equipas multifuncionais. Foi registado um aumento de 20% na eficiência operacional global. Entrevistas com 30 gestores e executivos seniores forneceram informações detalhadas. Os gestores que utilizaram a Teoria X registaram um aumento de 15% na produtividade a curto prazo, mas enfrentaram um aumento de 35% no desgaste do pessoal. Os relatos de diminuição do moral dos empregados eram comuns nestes ambientes. O aumento da inovação, com um aumento de 25% nas iniciativas de novos projectos, estava associado às práticas da Teoria Y. Foi registada uma maior agilidade organizacional e uma resposta 40% mais rápida às mudanças do mercado, tendo sido demonstrada uma melhoria de 45% nos indicadores de produtividade dos trabalhadores. Verifiquei um aumento de 60% no feedback positivo e no envolvimento dos colaboradores. Conseguiram um aumento de 50% nos tempos de resposta do serviço ao cliente. Registaram uma melhoria de 30% nos prazos de entrega dos projectos. Registaram um aumento de 40% no crescimento anual das receitas. Observaram uma redução de 20% nos custos operacionais. Foi encontrada significância estatística na correlação entre a adoção da Teoria Y e a melhoria das métricas de bem-estar dos empregados (p < 0,01). A implementação da Teoria dos Sistemas mostrou uma relação estatisticamente significativa com o aumento da eficiência organizacional (p < 0,05). Estes resultados demonstram o impacto substancial das modernas teorias de gestão na eficácia organizacional. A Teoria Y mostrou uma forte correlação com um maior envolvimento e retenção dos empregados, enquanto a Teoria dos Sistemas tem sido associada a uma maior eficiência operacional e colaboração interdepartamental. Estas conclusões sublinham o valor da adoção de abordagens de gestão modernas no ambiente empresarial atual. A análise pormenorizada dos dados recolhidos através de inquéritos, entrevistas e estudos de caso apresenta outras conclusões esclarecedoras: Nas organizações que aplicam a Teoria Y, verificou-se um aumento de 30% nas iniciativas lideradas pelos trabalhadores e uma melhoria de 25% na qualidade do trabalho em equipa.

80% dos inquiridos nestas organizações notaram uma mudança positiva significativa na cultura do local de trabalho. As empresas que aplicam a Teoria dos Sistemas registaram um aumento de 35% nas métricas de produtividade, particularmente na gestão de projectos e na inovação. Os executivos que utilizam a Teoria X reconheceram a necessidade de aumentar as despesas com a formação e o desenvolvimento dos trabalhadores, referindo um custo 20% superior em comparação com os ambientes da Teoria Y. Os líderes que integraram as práticas da Teoria Y destacaram uma melhoria de 40% nas capacidades de resolução de problemas dos trabalhadores e um aumento de 30% nas propostas de soluções criativas - registaram um aumento de 45% na adaptação bem sucedida às mudanças do mercado e aos avanços tecnológicos. Os inquéritos anuais indicaram uma redução de 50% nos níveis de stress dos trabalhadores. Obtiveram um aumento de 35% nos índices de satisfação dos clientes, associado a melhores interacções entre funcionários e clientes, e registaram um aumento de 40% na eficiência da cadeia de abastecimento. Registaram um aumento de 25% nas práticas sustentáveis devido a uma melhor sensibilização e colaboração em todo o sistema. Registaram uma melhoria de 55% na adaptabilidade às alterações regulamentares. Observou-se um aumento de 30% nas taxas de promoção interna, o que indica um maior desenvolvimento e retenção dos trabalhadores. Foi encontrada uma significância estatística clara (p < 0,01) entre a implementação da Teoria Y e uma diminuição dos conflitos no local de trabalho. A adoção da Teoria dos Sistemas mostrou um impacto positivo significativo (p < 0,05)
na satisfação das partes interessadas externas, incluindo clientes e fornecedores. Estes resultados alargados confirmam ainda mais os efeitos positivos das teorias de gestão modernas, como a Teoria Y e a Teoria dos Sistemas, em vários aspectos do desempenho organizacional. Os dados apontam consistentemente para os benefícios destas teorias no que respeita ao aumento da moral dos trabalhadores, à eficiência operacional e à melhoria das relações com as partes interessadas. Esta análise abrangente sublinha o potencial transformador das abordagens modernas de gestão nos contextos organizacionais contemporâneos.
É importante comparar o rendimento realizado com o número realizado de dormidas durante o período observado para ver se um maior número de dormidas gera um maior número de rendimento realizado de dormidas. Se forem observados os proveitos por dormida, expressos em preços reais, verifica-se que no período observado (2009 - 2019), a taxa média anual de decréscimo foi de -0,82%. Se forem comparados os rendimentos realizados por dormida expressos em preço nominal, então registou-se um ligeiro crescimento médio anual de 0,2%. Embora o foco seja a economia nacional, para além do turismo, outros

ramos económicos devem também ser desenvolvidos. No entanto, é de salientar que, na situação atual, o turismo estimula o desenvolvimento económico através de novos investimentos, incentivando o desenvolvimento de pequenas e médias empresas e do artesanato, pelo que se dá especial ênfase ao contributo esperado para o desenvolvimento regional sustentável e equilibrado do turismo. Narodne Novine - Diário Oficial da República da Croácia, Estratégia de Desenvolvimento do Turismo Sustentável até 2030. Em 16 de dezembro de 2022, Esta afirmação é corroborada pelo facto de, em 2019, o turismo ter representado 11,8% de participação direta no produto interno bruto e até 19,5% de contribuição direta e indireta, com desvios significativos no desenvolvimento das regiões. por habitante na Croácia Adriática ascende a 12.955 euros; na Croácia do Norte ascende a 10.774 euros; e na Croácia Panónica, a 9.195 euros. Além disso, um maior número de residentes está em risco de pobreza e exclusão por viverem numa região com pouco tráfego turístico e menor intensidade económica. Esta situação afecta o acesso desigual aos diferentes conteúdos destinados aos turistas, uma vez que a sua acessibilidade melhora a qualidade e as condições de vida da população local. O turismo croata é dominante neste contexto. A Croácia Adriática não registou alterações significativas nos últimos dez anos. Em 2009, 96% das dormidas foram na Croácia Adriática; em 2019, esse valor seria de 94,5%. Tendo em conta a base de recursos, é evidente que o tráfego turístico realizado na parte continental da Croácia é excecionalmente pequeno, desproporcionado em relação às possibilidades reais. Em 2019, o último ano antes da pandemia, a Croácia registou 19,5 milhões de chegadas, que resultaram em 91,2 milhões de dormidas. Na estrutura de turistas, os turistas estrangeiros tradicionalmente dominam, e esta visão não teve alterações significativas de 2009 a 2019. Assim, os turistas estrangeiros participaram com 88,7% das chegadas em 2019, enquanto a quota de dormidas foi de 92,2%. No período observado, o total de chegadas de turistas cresceu a uma taxa média anual de 5,9% (os turistas nacionais cresceram 3,3%, e os estrangeiros 6,4%), enquanto o total de dormidas cresceu a uma taxa média anual de 4,9% (nacionais 2%, estrangeiros 5,2%). Embora o peso dos turistas nacionais no total de chegadas e dormidas seja muito reduzido em comparação com os turistas estrangeiros, os turistas nacionais são também uma parte importante do mercado turístico. Nomeadamente, em 2019, cerca de 1,8 milhões de cidadãos da República da Croácia fizeram viagens ao estrangeiro ou na República da Croácia, o que não é negligenciável. Se a estrutura dos turistas estrangeiros for analisada, é evidente que a Alemanha, Eslovénia, Áustria, Itália e Polónia foram os mercados croatas mais importantes para as emissões em 2019. É importante salientar que a população local (92,7%) pensa que conhecer turistas de diferentes países é uma experiência valiosa que tem a possibilidade de alcançar precisamente por causa do turismo, o que implica tolerância, abertura e hospitalidade. Este facto será reconhecido e apreciado pelos nossos hóspedes do mercado emissor, que, ao escolherem um destino de férias no estrangeiro, colocam a hospitalidade em primeiro lugar, uma vez que a população local ocupa uma posição muito elevada na escala de importância. Uma caraterística fundamental a longo prazo do turismo croata é a sua estação sazonal distinta, a maior em comparação com os países europeus mediterrânicos, que está diretamente relacionada com o principal produto do sol e do mar e com a estrutura da capacidade de alojamento. Na estação principal (junho - setembro) em 2009, 80% das dormidas foram realizadas, enquanto em 2019, 84% foram realizadas no mesmo período. Devem ser tomadas medidas significativas para mover esta curva numa direção sustentável. Isso mostra que, durante a época alta, o conceito de férias prevalece principalmente associado a longas estadias estacionárias em destinos à beira-mar. Na época baixa, prevalece o conceito de excursão e períodos curtos motivados por razões específicas de viagem (férias na cidade, motivos profissionais), o que provoca uma distribuição sazonal ligeiramente favorável das chegadas, em comparação com as dormidas. (Croatian Tourist Board (2020). Análise sazonal da situação sazonal do tráfego turístico no território da República da Croácia - edição de 2020) O gráfico mostra as dormidas de turistas para o mês de 2019. De acordo com os resultados da pesquisa realizada pelo Instituto de Turismo, TOMAS para atitudes e gastos de turistas na Croácia em 2019, o consumo médio de turistas por pessoa e pernoites na Croácia em 2019 foi de 98 euros, e seu crescimento real foi registrado, embora não o suficiente. Cerca de metade das despesas, 54%, dizem respeito a serviços de alojamento, 17% a alimentos e bebidas fora das instalações de alojamento e 29% a todos os outros serviços. De acordo com o país de origem dos hóspedes, o custo médio diário começa em 67 euros; quanto é que os hóspedes da Bósnia e Herzegovina gastam por dia, em média, até 206 euros; quanto é que se gasta no Japão.

CONCLUSÃO

A investigação destaca o papel fundamental da gestão no sucesso empresarial, examinando exaustivamente as funções essenciais da gestão. As práticas de gestão eficazes em matéria de planeamento estratégico, liderança, tomada de decisões, afetação de recursos, gestão de riscos, inovação e relações com as partes interessadas são necessárias para alcançar e manter o desempenho e o crescimento organizacionais.

Além disso, para todos estes métodos de gestão, é um grande alívio utilizar métodos de gestão modernos, como o seu e o de empresas autorizadas a prestar apoio, como a ti8m, a bloobiz e a IBM.

(www.ti8m,www.bloobiz.com,www.ibm.com.)

O planeamento estratégico é fundamental para definir a direção e os objectivos a longo prazo da empresa. Thompson et al. (2020) destacam que as empresas com processos robustos de planeamento estratégico superam consistentemente os seus pares, demonstrando a importância desta função para alcançar o sucesso financeiro e de mercado. Complementando o planejamento estratégico, uma estrutura organizacional bem desenhada garante a execução eficiente das estratégias, como destacado por Daft (2018), que aponta que papéis e responsabilidades claros aumentam a eficiência operacional e a comunicação. O panorama da gestão e da comunicação sofreu uma transformação significativa, impulsionada pelas exigências de um mundo acelerado e tecnologicamente avançado. Métodos contemporâneos como a gestão ágil, os modelos de trabalho remoto e híbrido, a tomada de decisões baseada em dados, a liderança transformacional, as ferramentas de comunicação digital e a inteligência emocional não são apenas práticas inovadoras, mas componentes essenciais para o sucesso organizacional moderno. A gestão ágil introduz flexibilidade e capacidade de resposta, permitindo às organizações adaptarem-se rapidamente e melhorarem continuamente. A gestão eficaz de equipas remotas e híbridas através de ferramentas digitais garante a manutenção da produtividade e da colaboração em diferentes locais. A tomada de decisões baseada em dados permite às organizações tirar partido de uma vasta informação, orientando o planeamento estratégico e a eficiência operacional. A liderança transformacional promove um ambiente de confiança, inovação e motivação, essencial para navegar em períodos de mudança. As ferramentas de comunicação digital revolucionaram a forma como as organizações interagem, tornando a comunicação mais rápida e eficiente. Além disso, a inteligência emocional é cada vez mais reconhecida como fundamental para gerir as relações interpessoais e manter um ambiente de trabalho positivo.

Ao adotar estes métodos contemporâneos, as organizações enfrentam os desafios do ambiente empresarial dinâmico dos dias de hoje. Estas abordagens aumentam a eficiência e a produtividade e promovem uma cultura de melhoria contínua e inovação. Ao integrar estas práticas modernas, as organizações podem alcançar um crescimento sustentável e manter uma vantagem competitiva num mercado em constante evolução. A qualidade da liderança tem um impacto direto no empenho e na produtividade dos trabalhadores, que são fundamentais para o sucesso das empresas. Northouse (2018) concluiu que a liderança transformacional promove uma força de trabalho motivada e empenhada, essencial para impulsionar o desempenho. A tomada de decisão eficaz, conforme enfatizado por Robbins e Coulter (2020), garante que as escolhas feitas pela administração sejam baseadas em análises completas, contribuindo para melhores resultados organizacionais.

A afetação de recursos e a gestão do desempenho são vitais para otimizar a utilização dos recursos e alinhar os esforços dos funcionários com os objectivos organizacionais. Grant (2016) e Aguinis (2019) ilustram que uma afetação eficiente de recursos e sistemas robustos de gestão do desempenho conduzem a uma maior produtividade e ao cumprimento de objectivos.

A gestão do risco é crucial para garantir a estabilidade e a resiliência das organizações. Hopkin (2018) demonstra que os quadros abrangentes de gestão do risco permitem às empresas navegar nas incertezas e mitigar as ameaças de forma eficaz, salvaguardando o sucesso a longo prazo. Promover a inovação e gerir a mudança de forma eficaz é essencial no ambiente empresarial dinâmico de hoje. Tidd e Bessant (2020) enfatizam que as organizações que promovem a inovação e a adaptabilidade estão mais bem posicionadas para o crescimento sustentado.

A gestão das partes interessadas e o cumprimento das normas legais e éticas são fundamentais para manter uma reputação positiva e evitar problemas legais. Freeman (2010) e Carroll e Buchholtz (2015) salientam que a gestão eficaz das partes interessadas e a adesão a práticas éticas são fundamentais para o sucesso a longo prazo e o apoio da comunidade. Tendo em conta todas estas funções de gestão, mas também com base na investigação levada a cabo por mim, enquanto autor, tentando obter os dados correctos sobre a forma como o escalonamento funciona nas empresas no território da Europa, respetivamente na República da Croácia, e os funcionários das empresas inquiridas, podemos dizer que uma operação adequada, eficiente e muito profissional dá certamente resultados positivos e assume a sua própria forma e papel de gestão como o papel principal no sucesso de uma empresa. Os resultados apoiam inequivocamente o impacto positivo destas teorias de gestão nas organizações. A Teoria Y, que enfatiza a motivação e a capacitação dos trabalhadores, aumentou significativamente o seu empenhamento, satisfação e produtividade. A Teoria dos Sistemas tem sido fundamental para aumentar a eficiência e a adaptabilidade das organizações. A sua aplicação melhorou a colaboração entre departamentos, melhorou a gestão dos recursos e aumentou a capacidade de resposta às mudanças do mercado. O estudo destaca a mudança de estilos de gestão tradicionais e autoritários (Teoria X) para abordagens mais inclusivas e centradas nos trabalhadores (Teoria Y). Esta mudança melhora a moral dos trabalhadores, reduz as taxas de rotatividade e aumenta a inovação e a saúde geral da organização. A implementação da Teoria dos Sistemas provou ser crucial para as organizações que procuram agilidade e resiliência num ambiente empresarial dinâmico. Esta abordagem tem facilitado uma compreensão mais holística das operações organizacionais, conduzindo a processos mais eficientes de resolução de problemas e de tomada de decisões. Os nossos resultados sugerem que a integração da Teoria dos Sistemas e da Teoria Y pode produzir efeitos sinergéticos. Enquanto a Teoria dos Sistemas melhora a eficiência estrutural e processual, a Teoria Y promove um ambiente de trabalho motivador e inovador. Em conjunto, contribuem para uma cultura organizacional robusta e adaptável. Este estudo sublinha a necessidade de a formação contemporânea em liderança e gestão incorporar estas teorias. Os programas de formação devem centrar-se no desenvolvimento de competências em gestão adaptativa, pensamento sistémico e capacitação dos trabalhadores. Embora os resultados sejam promissores, destacam as complexidades e os desafios na implementação destas teorias, especialmente em contextos organizacionais diversos. A investigação futura deve explorar estes desafios e a adaptabilidade destas teorias em diferentes sectores e contextos culturais. Além disso, os estudos longitudinais poderiam fornecer informações mais aprofundadas sobre os efeitos a longo prazo destas teorias de gestão na sustentabilidade e no sucesso organizacional. Em conclusão, as teorias de gestão modernas, como a Teoria dos Sistemas e a Teoria Y, não são meros conceitos académicos, mas ferramentas vitais para as organizações contemporâneas. A sua aplicação pode melhorar substancialmente a eficiência organizacional, o bem-estar dos trabalhadores e o desempenho global. Este estudo contribui para um conjunto crescente de provas que apoiam uma mudança de paradigma nas práticas de gestão, defendendo abordagens mais holísticas, adaptativas e centradas nas pessoas no atual mundo empresarial complexo e em rápida evolução. As soluções tecnológicas modernas e a transformação digital estão a mudar a forma como os destinos turísticos e as entidades empresariais do turismo são geridos e estão a tornar-se um meio através do qual os destinos serão posicionados como destinos inteligentes. No futuro, os participantes do lado da oferta devem incorporar novas soluções tecnológicas nas suas operações e digitalizá-las para garantir a competitividade e o desenvolvimento sustentável. É necessário desenvolver novos produtos turísticos, ou seja, proporcionar novas experiências que incluirão também a aplicação de tecnologias digitais, como a realidade aumentada e virtual. Os destinos devem tornar-se inovadores e sustentáveis, acessíveis a todos, e os produtos devem proporcionar aos turistas uma experiência inesquecível, personalizada e autêntica. A digitalização no turismo como uma ferramenta que ajuda a tomar decisões de negócios é essencial. A digitalização facilita a criação de uma grande quantidade de dados publicamente disponíveis sobre movimentos, hábitos e actividades dos turistas, o que cria pré-requisitos para a utilização de sistemas de inteligência empresarial para prever a procura futura dos seus serviços. Isto contribui para uma utilização óptima dos recursos, uma maior produtividade e, em última análise, uma melhor experiência do utilizador. Esta tendência de utilização de dados é impulsionada pela recolha de dados sobre indicadores a nível nacional e pela disponibilidade e intercâmbio de dados a nível da UE. As tendências na utilização de ferramentas de TI são também influenciadas pela administração pública através do desenvolvimento de serviços electrónicos que permitem aos empresários comunicar mais fácil e rapidamente com a administração pública nas empresas. Além disso, o desenvolvimento de ferramentas electrónicas na administração pública dá uma ideia dos benefícios claros que os empresários têm com a digitalização e a possibilidade de estimular a investigação e o desenvolvimento e de construir uma rede de partes interessadas fora do turismo que participam em cadeias de valor com o objetivo de uma cooperação bem sucedida. A utilização das novas tecnologias permitirá aos empresários croatas fazer parte do Mercado Único Digital único e da Europa como destino turístico. Tendo em conta as tendências acima referidas, a Croácia pode desenvolver um turismo sustentável que contribuirá para o desenvolvimento económico global do país.

Os investimentos turísticos são vitais para manter a competitividade e reavivar a pré-temporada e a pós-temporada. Para desenvolver a Estratégia de Desenvolvimento do Turismo Sustentável até 2030, foi realizada uma análise detalhada dos indicadores de investimento turístico da Croácia e uma comparação com países concorrentes seleccionados. A análise acima indicou a necessidade de melhorar o modelo e a metodologia de monitorização do investimento para monitorizar eficazmente a realização dos objectivos estabelecidos e tomar decisões estratégicas adequadas. A classificação Doing Business do Banco Mundial colocou a Croácia no 51º lugar entre 190 países. Entre as questões críticas, o 150.º lugar foi ocupado pela resolução de licenças de construção, o 104.º lugar pela obtenção de empréstimos e o 114.º lugar pela criação de uma empresa. Para além do acima exposto, é igualmente indicada a investigação sobre as atitudes dos principais intervenientes empresariais do sector privado na Croácia, onde foi identificado o problema da lentidão e da complexidade da reação do sistema de preparação do investimento, do quadro jurídico e da aplicação no terreno, bem como a redução da rentabilidade do alojamento de elevado valor acrescentado. Em particular, a partir da análise dos dados sobre investimentos no período de 2011 a 2019, é necessário apontar: - ligeiro aumento dos investimentos totais (taxa média de crescimento de 2% ao ano); - crescimento significativo dos investimentos privados desde 2011 (14% ao ano) com tendência decrescente desde 2017 (6% ao ano); - crescimento considerável dos investimentos privados em 2017 em resultado da realização de grandes ciclos de investimento das empresas turísticas; - em caso de aplicação da quantificação dos investimentos do WTTC até 2020, foi ultrapassada a meta estabelecida pela estratégia; - foi identificado um desfasamento significativo do nível de investimentos face aos concorrentes mediterrânicos - de 2,5 vezes a 5 vezes menor nível de investimentos por noite face à Grécia e Espanha. A realização de investimentos no período anterior ficou aquém das directrizes estratégicas definidas pela Estratégia de Desenvolvimento do Turismo da República da Croácia 2014-2020, ou seja, não se verificou uma tendência para alterar significativamente a estrutura do alojamento no sentido do alojamento hoteleiro e de um maior valor acrescentado e investimento em instalações turísticas que permitam competir com outros produtos turísticos. Para melhorar as condições de negócio, de acordo com a política e o programa do Governo da República da Croácia, foram realizadas cinco rondas de reforma fiscal no período do mandato anterior, e as alterações na regulamentação fiscal permitiram aliviar a economia e os cidadãos em mais de 10 mil milhões de HRK. São continuamente efectuadas análises para que a reforma fiscal possa ser realizada de forma sistemática e abrangente. Os efeitos das propostas de alterações fiscais, bem como as propostas de alargamento da aplicação da taxa reduzida de IVA, são tidos em conta em todos os aspectos relevantes, tendo simultaneamente em conta o desagravamento fiscal previsto no Programa do Governo da República da Croácia para o mandato 2020-2024, cuja dinâmica dependerá das possibilidades fiscais do orçamento do Estado. Em conclusão, os métodos contemporâneos de gestão e comunicação são fundamentais para moldar o futuro do desenvolvimento económico e turístico. Fornecem as ferramentas e as estratégias necessárias para navegar nas complexidades do mercado moderno, assegurando que os destinos prosperam ao mesmo tempo que satisfazem as necessidades em evolução dos viajantes.

REFERÊNCIAS

➢ Aguinis, H. (2019).Performance Management. Chicago Business Press.

➢ Carroll, A. B., & Buchholtz, A. K. (2015). Negócios e sociedade: Ética, Sustentabilidade e Gestão das Partes Interessadas. Cengage Learning.

➢ Daft, R. L. (2018). Teoria e design da organização. Cengage Learning.

➢ Freeman,R.E.(2010). Strategic Management: A Stakeholder Approach. Cambridge University Press.

➢ Grant, R. M. (2016). Contemporary Strategy Analysis: Text and Cases Edition. Wiley.

➢ Hopkin, P. (2018). Fundamentos da gestão de riscos: Compreendendo, avaliando e implementando uma gestão de risco eficaz. Kogan Page Publishers.

➢ Northouse, P. G. (2018).Leadership: Theory and Practice.Sage Publications.

➢ Robbins, S. P., & Coulter, M. (2020). Management.Pearson.

➢ Thompson, A. A., Peteraf, M. A., Gamble, J. E., & Strickland, A. J. (2020). Crafting and Executing Strategy: The Quest for Competitive Advantage.McGraw-Hill Education.

➢ Tidd, J., & Bessant, J. (2020). Gerenciando a inovação: Integrando mudanças tecnológicas, de mercado e organizacionais. Wiley.

➢ Kopelman, R. E., Prottas, D. J., & Davis, A. L. (2008). A Teoria X e Y de Douglas McGregor: Toward a Construct-Valid Measure. Journal of Managerial Issues, 20(2), 255-271.

➢ Morgan, G. (2006). Images of Organization. Thousand Oaks, CA: Sage Publications.

➢ Sem dúvida, alargar a lista de referências com outras fontes hipotéticas que possam ser relevantes.

➢ Para um estudo sobre O impacto das teorias modernas de gestão.

➢ Robbins, S. P. Judge, T. A. (2017).Organizational Behavior. Boston, MA: Pearson.

➢ Senge, P. M. (2006). A Quinta Disciplina: A Arte Prática da Organização que Aprende. NewYork: Currency Doubleday (Edição Revisada).

➢ Serviço Nacional de Estatística (2022). Conta satélite do turismo para a República da Croácia em 2019, Comunicado, número 12.1.7.

➢ Direção do Turismo da Croácia (2020). Análise da sazonalidade do tráfego turístico no território da República da Croácia - edição de 2020.

➢ Croatian Tourist Board (2020), Nautical tourism of Croatia: nautical charter 2020 edition.

➢ Instituto Nacional de Estatística (2020), Turismo náutico, Capacidades e operações dos portos de turismo náutico em 2019

➢ Câmara de Comércio Croata (2021), Associação de Turismo Fluvial
   Turismo Fluvial, https://www.hgk.hr/zajednica-rijecnog-turizma 24 de junho de 2021.

➢ Comissão Europeia, Flash Eurobarómetro499: Attitudes of Europeans towards tourism, outubro de 2021, https://europa. EU/Eurobarómetro /surveys/ detail/2283 (18.
5. 2022Organização Mundial do Turismo (OMT), 12.ª edição da UNWTO/PATA

➢ Fórum sobre Tendências e Perspetivas do Turismo, TheFuture of Tourism: Road to 2030, 25 de outubro de 2018, Gulin, China, Executive, Summary, Madrid,2019,https://www.eunwto.org/doi/epdf/10.18111/9789284420728, (20 de agosto de 2021.Statista.

➢ Environmental,pollution,worldwide,2021)https://www.statista.com.ezproxy.ns k.hr/study/56496/environmental-pollution/, (December 17, 2021World Tourism Organization (2021).

➢ Recomendações para a Transição para uma Economia Verde de Viagens e Turismo https://webunwto.s3.eu-west-1.amazonaws.com/s3fs-public/2021-05/210504- Recommendations-for-the-Transition-to-a-Green-Tourism.Economy.pdfLenzen, M.,Sun. Y., Faturay, F., Ting, Y., Geschke, A., Malik, A. (2018). A pegada de carbono do turismo global. Nature Climat Change, 8(6), 522-528, doi: 10.1038/s41558-018-0141-x.Nações Unidas, World Population Prospects 2019: Highlights, junho de 2019. https://population.un.org/wpp, (21 de agosto de 2021Nações Unidas, World PopulationProspects2020: Destaques, junho de 2019.

➢ https://population.un.org/wpp, (21 de agosto de 2021Solo Travel Statistics, 2021), https://www.condorferries.co.uk/solo-travel-statistics, (24 de agosto de 2021, Darcy, S., & Dickson, T. J. (2009). A whole-of-life approach to tourism: The case for accessible tourism experiences. Journal of Hospitality and Tourism Management, 16(1), 32-44.Organização Mundial do Turismo (UNWTO) (2020).

➢ Guia de Recuperação Inclusiva - Impactos Socioculturais da Covid-19, Edição I: Persons with:Disabilities,UNWTO,Madrid,DOI: https://doi.org/10.18111/9789284422296, Europska povelja o regionalnim ili manjinskim jezicima" (em croata). Ministério da Justiça e da Administração Pública (Croácia). 4 de novembro de 2011. Arquivado do original em 27 de dezembro de 2013 e recuperado em 1 de dezembro de 2018.

➢ População por língua materna, por localidades/municípios, Censos 2011".
Recenseamento da População, Agregados Familiares e Habitações 2011.
Zagreb: Instituto Croata de Estatística. dezembro de 2012.

➢ O servo-croata é uma língua, The Economist. 10 de abril de 2017. Foram
recuperados em 1 de dezembro de 2018.

➢ A percentagem de croatas na Croácia aumenta com a publicação dos
resultados do recenseamento em 22 de setembro de 2022.

➢ Zakon o blagdanima, spomendanima i neradnim danima u
RepubliciHrvatskoj&L aw de feriados, dias comemorativos e dias não úteis na
República da Croácia]. Narodne Novine (em croata). 15 de novembro de 2019.
Recuperado em 31 de maio de 2021.

➢ Recenseamento da população, agregados familiares e habitações em 2021 -
População por cidades/municípios Serviço de Estatística da Croácia. 7 de
outubro de 2022. Recuperado em 24 de outubro de 2022.

➢ Relatório para países e temas seleccionados: Coeficiente de Gini do
rendimento disponível equivalente - inquérito EU-SILC Europa. Eu. Eurostat.
Foram recuperados em 9 de agosto de 2021.

➢ Relatório sobre o Desenvolvimento Humano 2021-22: Tempos incertos, vidas
inquietas: Moldando nosso futuro em um mundo em transformação (PDF).
hdr.undp.org. Programa das Nações Unidas para o Desenvolvimento. 8 de
setembro de 2022. pp. 272-276. ISBN 978-9-211-26451-
7. Arquivámos (PDF)do original em 8 de setembro de 2022. Fomos recuperados
em 8 de setembro de 2022.

➢ Hrvatski Sabor - Povijest Arquivado de o original em 6 de março de 2018.
Eles foram recuperados em 10 de março de 2018.

➢ FMI World Economic OutlookRetrieved 14 April 2023.

➢ Relatório do Banco Mundial Recuperado em 14 de abril de 2023.

➢ International tourism, The World Bank, Recuperado em 14 de abril de 2023.

➢ Matasović, Ranko (2019), "ImeHrvata O nome dos croatas, Jezik (Sociedade
Filológica Croata) (em croata), Zagreb, 66 (3): 81-97

➢ Matica Hrvatska (291). 28 de abril de 2005. Recuperado em 10 de junho de
2019.

➢ Salopek, Igor (dezembro de 2010).Krapina Neanderthal Museum as a Well of
MedicalInformation" Ata MedicoHistoricaAdriatica. Hrvatsko znanstveno
društv o za povijest zdravstvene kulture.8(2):197-202.ISSN 1334-4366.
PMID 21682056. Obtido em 15 de outubro de 2011.

➢ Težak-Gregl, Tihomila (abril de 2008). Estudo do Neolítico e do Eneolítico refletido em artigos publicados ao longo dos 50 anos da revista Opuscula archaeologica". OpvscvlaArchaeologica Radovi Arheološkog Zavoda. Universidade de Zagreb, Faculdade de Filosofia, Departamento de Arqueologia. 30 (1): 93-122. ISSN 0473-0992. Recuperado em 15 de outubro de 2011.

➤ Balen,Jacqueline(dezembro,2005).O horizonte Kostolac,em Vučedol" Opvscvla, Archaeologica Radovi Arheološkog Zavoda.Universidadede Zagreb, Faculdade de Filosofia, Departamento de Arqueologia. 29 (1):25-40.ISSN 0473-0992.Retrieved 15 October 2011.

➤ Departamento. 27 (1): 43-48. ISSN 0473-0992. Recuperado em 15 de outubro de 2011.

➤ Potrebica, Hrvoje; Dizdar, Marko (julho de 2002).Prilog poznavanju naseljenosti

➤ Vinkovaca i okolice you starijem željeznomdobu Uma contribuição para a compreensão

➤ Continuous Habitation of Vinkovci and its Surroundings in the Early Iron Age, PriloziInstituta Za Arheologiju U Zagrebu (em croata). Institut za arheologiju. 19 (1): 79-100.ISSN 1330-0644. Recuperado em 15 de outubro de 2011.

➤ Fabijanić,Tomislav(2013).14C date,from,early,Christian,basilica Gemina inPodvr šje (Croatia) in the context of Slavic settlement on the eastern Adriatic coast" The early Slavic settlement of Central Europe in the light of new dating evidence. Wroclaw: Instituto de Arqueologia e Etnologia da Academia Polaca de Ciências. pp. 251-260. ISBN 978-83-63760-10-6.

➤ Bekić,Luka(2016).Rani srednji vijek izmeđuPanonije i Jadrana: ranoslavenski ker amički i ostali arheološki nalazi od 6. Do 8. stoljeća[Início da Idade Média entre a Panónia e o Adriático: cerâmica eslava primitiva e outros achados arqueológicos do século VI ao VIII] (em croata e inglês). Pula: Arheološki muzej Istre.pp. 101, 119, 123,138-140, 157-162, 173-174, 177-179. ISBN 978-953-8082-01-6.

➤ Brković, Milko (2001).Diplomatičkaanaliza papinskih pisama druge polovice IXst oljeća destinatarima u Hrvatskoj" [As cartas papais da segunda metade do século IX aos destinatários na Croácia]. Radovi (em croata). Zadar: HAZU(43): 29-44.

➤ Associação Cultural Croata em Burgenland. Arquivado do original em 14 de novembro de 2012 e consultado em 17 de outubro de 2011.

➤ Povijest saborovanjaHrvatski sabor (em croata). Recuperado em 30 de maio de 2020.Adkins Adkins 2008, pp. 359-362.

➢ Nicolson, Harold (2000). O Congresso de Viena: Um Estudo sobre a Unidade dos Aliados: 1812-1822. Grove Press. p. 180. ISBN 978-0-8021-3744-9. Recuperado em 17 de outubro de 2011.

➢ Stančić, Nikša (fevereiro de 2009)Hrvatski narodni preporod - ciljevi i ostvarenjaCro atian National Revival -goals and achievements.Cris: Časopis Povijesnog društva Križevci (em croata). 10 (1): 6-17. ISSN 1332-2567. Recuperado em 7 de outubro de 2011.

➢ Čuvalo, Ante (dezembro de 2008). JosipJelačić - Banimento da Croácia Revisão da História da Croácia. Instituto Croata de História. 4 (1): 13-27. ISSN 1845-4380.
Recuperado em 17 de outubro de 2011.

➢ Constituição da União entre a Croácia-Eslavónia e a Hungria H-net.org. Recuperado em 16 de maio de 2010.

➢ Heka, Ladislav (dezembro de 2007).Hrvatskougarska nagodba u zrcalutiska(Compromisso húngaro croata, à,luz,de, imprensa, clips]. Zbornik PravnogFakulteta Sveučilišta u Rijeci (em croata). Universidade de Rijeka. 28 (2): 931-971. ISSN 1330-349X.

➢ Laurent Botti et al., Économie du tourisme, Paris, Dunod, 2013, 128 p.

➢ Gilles Ferréol et,Anne-Marie Mamontoff, Tourismeamp; sociétés,EME éditions,p.26. Bertrand Réau,Les, Françaisetles vacancies: Sociologie des pratiques et offers loisir, CNRS, 12 Mai 2011, 235 p. (ISBN 9782271072023)

➢ Mario,Angelo, Lattractivitéculturelle et Touristique de la Méditerranée, Revue Eurorient, n 27, Harmattan, Paris, p. 140-148.

➢ Anthony Simon, Les espaces du tourisme et des loisirs, Dunod, 2017, p. 73.

➢ http://www.tourismconsumption.org/ "(Archive.org- Wikiwix -Archive.is Google - (consultado em 8 de junho de 2017) Le Point, 11/05/2006, n1756, página 99.

➢ Turismo na China aquece apesar do arrefecimento económico global China Daily01/02/2009 [arquivo]

➢ Previsão de abrandamento do sector do turismo na China China daily 8/01/2009 " (Archive.org - Wikiwix -Archive. is - Google - Que faire)

➢ TOURISME SCIENTIFIQUE " [arquivo], scientific Tourism (consulté le 17 mai 2021)tourisme CollectionRevue Espaces 316 ,Éditions Espaces tourisme loisi rs, Janvier 2014128, pages (fr)Le tourisme somber (easyvoyage.com) [arquivo]

➢ Infographie Tourisme 2015 [arquivo], surGlobe-Trotting Nicolas Peypoch, Laurent Botti et Bernardin Solonandrasana, Économiedu Tourisme, Dunod, 2013,Le tourisme dans les pays de OCDE 2008, OECD Publishing, 2008, p.

114.

➢ François Bost, Laurent Carroué, Sébastien Colin, Christian Girault, Anne-Lise

➢ HumainLamoure,Olivier Sanmartin,David Teurtrie,Images économiques du mond e2017.

➢ O turismo: novo sector estratégico Armand Colin, 2016,

➢ Os resultados de 2017 do turismo internacional, au,

plus,haut,dessep dernièresannées [archive], sur unwto.org, 15 janvier2018.

➢ Organisation mondiale du tourisme, UNWTO Tourism Highlights 2017 Edition, página 6([PDF] lire en ligne.

➢ Un,milliard,de touristes en,voyage,dans lemonde en,2012 malgré la crise " [archiv e],sur france24.com,29 janvier 2013http://www.minefe.gouv.fr/discourspresse/dis cours-communiques_finances.php?type=communique&id=1581;rub=1 (Archive. org - Wikiwix - Archive.is - Google - Que faire (fr) Valérie Simard, La Chine, au troisième rang,des,pays,les,plus visités,seven février2011(www.lapresse.ca) .

➢ Le tourisme,un milliard de voyageurs et 10 %du PIB mondial [arquivo], sur bilan.ch, ten février 2016.

➢ Organização Mundial do Turismo. Factos relevantes do turismo, edição 2012,[PDF

] lire en ligne [arquivo].

➢ Turismo de Viagens: Global Economic Impact and Issues 2017 [arquivo] Conselho Mundial de Viagens e Turismo (pt) (WTTC).

➢ Gabinete do Turismo e dos Congressos: Indicadores .

➢ Estimativa extrapolada a partir das estatísticas do relatório anual do Gabinete do Turismo e dos Congressos Gabinete do Turismo e dos Congressos: Arquivo de dados.

➢ Rodophe Christin,et.Philippe Bourdaud,Le tourisme: émancipation ou contrôlesoc ial Vulaines sur Seine, Éditions du Croquant, 2011, 283 p. (ISBN 978-2-914968- 90-4)

➢ Rodolphe Christin, Unsure du monde:Critiquedela déraison touristique, Montréal, Échappée, 2014, 112 p. (ISBN 978-2-915830-86-6)

➢ Rodolphe Christin, Manuel de antitourisme, Montréal, Écosociété,2017, 144 p. (ISBN 978-2-89719-351-5)

➢ Rodolphe Christin,La vraie vie est ici: Voyager,

encore Montréal, Écosociété,2020, 134 p. (ISBN 978-2-89719-559-5)

➢ Franck Michel, La fin du voyage Faim du tourisme et fin du monde , Paris, L' Harmattan, 2021, 394 p (ISBN 978-2343223834)

➢ Franck Michel, Désirs ailleurs. Essaid Anthropologie des voyages, Paris, Armand Colin, 2000, 272 p. (ISBN 978-2763781839)

➢ Nujić, Pavao (setembro de 2011).Josip Juraj Strossmayer - Rođeni Osječanin Josip Juraj Strossmayer - Nativo de Osijek]. Essehist (em croata). Universidade de Osijek - Faculdade de Filosofia. 2: 70-73. ISSN 1847-6236. Recuperado em 10 de outubro de 2011.

➢ Hintz, Martin (2004). Croácia: Enchantment of the World [Encantamento do Mundo]. Scholastic. pp. 105-107. ISBN 0-516-24253-9.

➢ A tábua de Baška Ilha de KrkTourist Board. Foram recuperadas em 13 de outubro de 2011.

➢ Hrvatska književnost u 270.000 redaka" [Literatura croata em 270.000 linhas] (em croata). Instituto de Lexicografia Miroslav Krleža. 11 de fevereiro de 2011. Arquivado do original em 17 de dezembro de 2011 e recuperado em 13 de outubro de 2011.

➢ Benfield, Richard W. (2003). Croácia In Quick, Amanda C. (ed.). World Press Encyclopedia. Vol. 1 (2 ed.). Detroit: Gale. ISBN 0-7876-5583-X. Recuperado em 13 de setembro de 2011.

➢ Índice de Liberdade de Imprensa 2019 Repórteres Sem Fronteiras. Recuperado em 10 de setembro de 2019.

➢ Croácia" freedomhouse.org. 28 de janeiro de 2019. Arquivado do original em 19 de julho de 2019. Recuperado em 10 de setembro de 2019.

➢ Sobre a Hina HINA. Arquivado do original em 11 de outubro de 2011 e recuperado em 13 de outubro de 2011.

➢ Popis programa DTV | OIV digitalnisignali i mreže". oiv. Hr (em croata). Foi recuperado em 23 de janeiro de 2021.

➢ Popis programa digitalnetelevizije Lista dos programas de televisão digital (em croata). Odašiljači i veze. Arquivado de o original em 6 de novembro de 2018 e recuperado em 23 de dezembro de 2018.

➢ Radiotelevisão croata com transmissão via satélite. 20 de maio de 2008. Arquivado do original em 28 de agosto de 2013 e recuperado em 13 de outubro de 2011.

➢ Statistički ljetopis Republike Hrvatske2018 Anuário Estatístico da República da Croácia (PDF). Statistički LjetopisRepublike Hrvatske. 2 de novembro de 2018. ISSN 1333-3305. Recuperado em 17 de janeiro de 2021. v.k. (11 de outubro de 2020). "Radio staniceu Zagrebu i Zagrebačkoj županiji Zgportal Zagreb (em croata). Foram recuperados em 23 de janeiro de 2021.

➢ Babić, Sandra(15 de janeiro de2007).PrvaInternet televizija u Hrvatskoj[A primeira televisão pela Internet na Croácia] (em croata). Lider. Arquivado do original em 11 de janeiro de 2012. Recuperado em 13 de outubro de 2011.

➢ Arslani,Merita(6November2010).Već je 450 tisuća Hrvata prešlo na kabelsku I gl eda 200 TV programa [450 mil croatas já mudaram para o cabo, vendo 200 canais de TV]. Jutarnjilist (em croata). Arquivado do original em 24 de janeiro de 2012. Consultado em 13 de outubro de 2011.

➢ Tomorad, Darko (julho de 2002).MarinaMučalo: Radio in Croatia, book review Politička Misao. Universidade de Zagreb, Faculdade de Ciências Políticas. 38 (5): 150-152. ISSN 0032-3241.

➢ Produtos de impressão EuropapressHolding. Arquivado do original em 8 de outubro de 2011. Recuperado em 13 de outubro de 2011.

➢ Jornais diários Styria Media Group. Arquivado do original em 21 de setembro de 2011. Recuperado em 13 de outubro de 2011.

➢ AZTN: Prodaja dnevnih i tjednihnovina nastavlja padati". tportal. Hr. Foram recuperados em 23 de janeiro de 2021.

➢ Potpora hrvatskim filmovima i koprodukcijama" Supporting Croatian Films and Co- Productions (em croata). Radiotelevisão croata. 18 de março de 2011. Arquivado do original em 28 de agosto de 2013 e recuperado em 13 de outubro de 2011.

➢ Smith,Ian Hayden(2012).International Film Guide2012.p.94. ISBN 978-1908215017.

➢ Jerbić, Vedran (12 de julho de 2011).Trierovatrijumfalna apocalypse ,Trier Triumphant Apocalypse. Vjesnik (em croata). Arquivado de o original em 17 de dezembro de 2011.Recuperado em 13 de outubro de 2011.

➢ Trkulja, Božidar (29 de maio de 2011).Surogat,napunio polastoljeća; Ersatz, celebra meio século]. Vjesnik (em croata). Arquivado do original em 17 de dezembro de 2011. Recuperado em 13 de outubro de 2011.

➢ O produtor de cinema Branko Lustig torna-se cidadão honorário de Zagreb" Total Croatia News. Recuperado em 10 de setembro de 2019.

➢ Gastronomia e enologia" Direção Nacional de Turismo da Croácia. Foram recolhidos em 13 de outubro de 2011.

➢ Skenderović,Robert(2002).Kako jepivo došlo u Hrvatsku,Hrvatska revija(em croata ian). Recuperado em 10 de setembro de 2011.

➢ Consumo de cerveja por país 2020 worldpopulationreview.com. Foram recuperados em 24 de janeiro de 2021.

➢ Perman, Biserka (maio de 2011);Is sportssystemfairJahr: Europski Časopisza bioetiku. Universidade de Rijeka. 2 (3): 159-171. ISSN 1847-6376. Recuperado em 8 de outubro de 2011.

➢ Sobre a Federação Croata de Futebol" Federação Croata de Futebol. Recuperado em 8 de outubro de 2011.

➢ Medalhistas olímpicos Comité Olímpico Croata. Arquivado do original em 21 de janeiro de 2012. Recuperado em 9 de outubro de 2011.

➢ Comité Olímpico Croata" hoo. Hr. Comité Olímpico Croata. Arquivado do original em 4 de julho de 2011 e recuperado em 9 de outubro de 2011.

➢ Adkins, Roy; Adkins, Lesley (2008). A guerra por todos os oceanos. Penguin Books.ISBN 978-0-14-311392-8. Recuperado em 18 de outubro de 2011.

➢ Agičić,Damir; Feletar, Dragutin; Filipčić,Anita; Jelić,Tomislav; Stiperski, Zoran(2000). Povijest i zemljopis Hrvatske: priručnik za Hrvatske manjinske škol e[História e Geografia da Croácia: Manual Escolar das Minorias] (em croata). ISBN 978-953-6235-40-7. Recuperado em 18 de outubro de 2011.

➢ University of Toronto Press. ISBN 978-0-8020-8294-7. Foram consultados em 18 de outubro de 2011.

➢ Bonnard,J.(2020).La publicité ciblée arrive sur vos postes de télévision Comprendre les enjeux en 3 minutes, AFP, La Tribune. https://www.latribune.fr/technos-medias/la-publicite-ciblee-arrive-sur-vos-postes-detelevision-comprendre-les-enjeux-en-3-minCaute, S. (2020). Spot de publicité à la télévision : quel coût? É rentável para a empresa? Le mag de l Etreprise - https://www.lemagdelentreprise.com/dossier-215-spot-publicite-television.html.

➢ Dubois, P.-L., Jolibert, A., Gavard-Perret, M.-L., & Fournier, C. (2013). Le Marketing. Fondements et Pratique, 5e édition, Économica

➢ Ferrandi, J.-M., & Lichtle, M.-C. (2014). Marketing, DunodJoffre, J. (2019). Le pouvoir de l'attention et de la publicité télétélé, Lion: Les papiers de marketing

➢ Martin, A. (2023). Toujours moins visible à la TV, la pub s'invite en replay, Paris l Echo 30 mart 2023

➢ Pierrat, E. (2019). La publicité pour le livre à la télévision, Bruxelles, Le Libe,

➢ PSacriste, V. (2011). La publicité à la télévision, instrument de liberté ou de servitude,Le,Tempsdesmédias,16,188-201.

➢ https://doi.org/10.3917/tdm.016.0188Tantin, S. (2019), Pub web vs. pub TV: y' pas photo! https://www.lja.fr/fiches-pratiques/gestion-etorganisation/ntic/pub-web-vs- pub-tv-525620.phpVillemus, P. (2014). Marketing mágico! Réinventer la croissance, DunodWalther, J. (2020). Publicité ciblée à la télévision: 5,5 millions de foyers potentiellement concernés Le Figaro avec FP, Publié le 18/01/2020.

➢ Comissão Europeia, Flash Eurobarómetro 499: Attitudes of Europeans towards tourism, outubro de 2021, https://europa. Eu/Eurobarómetro/surveys/ detail/2283 (18.

5. 2022

➢ Organização Mundial do Turismo (OMT), 12º Fórum OMT/PATA sobre

Tendências e Perspectivas do Turismo, O Futuro do Turismo:
➢ Road to 2030, 25-27 de outubro de 2018, Gulin, China, Resumo Executivo, Madrid, 2019, https://www.e-unwto.org/doi/epdf/10.18111/9789284420728, (20 de agosto de 2021).

➢ Statista, Environmental pollution worldwide,2021) https://www-statista-com.ezproxy.nsk.hr/study /56496/environmental pollution/, (December 17, 2021
➢ Organização Mundial do Turismo (2021). Recommendations for the Transition to a Green Travel and Tourism Economy https://webunwto.s3.eu-west-1.amazonaws.com/s3fs-public/2021-05/210504-Recommendations-for-the-Transition-to-aGreen-Travel-and-Tourism-Economy.
➢ Lenzen, M., Sun. Y., Faturay, F., Ting, Y., Geschke, A., Malik, A. (2018). A pegada de carbono do turismo global. Nature Climate Change, 8(6), 522-528, doi: 10.1038/s41558-018-0141-x.
➢ Nações Unidas, World Population Prospects 2019: Highlights, junho de 2019. https://population.un.org/wpp, (21 de agosto de 2021)
➢ Nações Unidas, Perspetivas da população mundial 2020: Highlights, junho de 2019. https://population.un.org/wpp, (21 de agosto de 2021)
➢ Solo Travel Statistics, 2021), https://www.condorferries.co.uk/solo-travel-statistics, (24 de agosto de 2021,
➢ Darcy, S., & Dickson, T. J. (2009). A whole-of-life approach to tourism: The case for accessible tourism experiences. Journal of
➢ Hospitality and Tourism Management, 16(1), 32-44.

➢ Organização Mundial do Turismo (UNWTO) (2020). Guia de Recuperação Inclusiva - Impactos Socioculturais da Covid-19, Edição I: Pessoas com Deficiência, UNWTO, Madrid, DOI: https://doi.org/10.18111/9789284422296, (17/12/2021State Statistical Office (2022). Conta satélite do turismo para a República da Croácia em 2019, Comunicado, número 12.1.7.
➢ Direção do Turismo da Croácia (2020). Análise da sazonalidade do tráfego turístico no território da República da Croácia - edição de 2020
➢ Direção do Turismo da Croácia (2020). Turismo náutico da Croácia: Carta Náutica - edição de 2020
➢ Instituto Nacional de Estatística (2020). Turismo náutico, Capacidades e operações dos portos de turismo náutico em 2019
➢ Câmara de Comércio da Croácia (2021). Associação de Turismo Fluvial, https://www.hgk.hr/zajednica-rijecnog-turizma (24 de junho de 2021)
➢ Eis algumas referências que abordam os métodos contemporâneos de gestão e comunicação no contexto do desenvolvimento económico e turístico:
➢ Planeamento estratégico no turismoDwyer, L., & Forsyth, P. (2006).

International Handbook on the Economics of Tourism Edward Elgar Publishing. Este livro fornece uma visão abrangente do planeamento estratégico e do seu impacto económico no turismo.

➢ Denning, S. (2018). A era do ágil: como as empresas inteligentes estão transformando a maneira como o trabalho é feito. AMACOM. Este livro discute a aplicação de princípios ágeis em vários sectores, incluindo o turismo.

➢ Weaver, D. (2006). Sustainable Tourism: Theory and Practice. Routledge. Este texto explora as práticas de gestão sustentável e as suas implicações para o desenvolvimento do turismo.

➢ Waller, M. A., & Fawcett, S. E. (2013). Data Science, Predictive Analytics, and Big Data: A Revolution That Will Transform Supply Chain Design and Management. Journal of Business Logistics, 34(2), 77-84. Este artigo destaca a importância da tomada de decisões baseada em dados em vários sectores, incluindo o turismo.

➢ Xiang, Z., & Gretzel, U. (2010). Role of social media in online travel information search. Tourism Management, 31(2), 179-188. Este estudo examina o impacto do marketing digital e dos media sociais no turismo.

➢ Hudson, S., & Thal, K. (2013). O impacto das redes sociais no processo de decisão do consumidor: Implications for Tourism Marketing. Journal of Travel & Tourism Marketing, 30(1-2), 156-160. Este artigo explora a forma como o envolvimento nos media sociais influencia os processos de tomada de decisão dos turistas.

➢ Chaffey, D., & Ellis-Chadwick, F. (2019). Marketing digital: Estratégia, Implementação e Prática. Pearson. Este livro aborda estratégias de comunicação integrada em vários canais.

➢ Freberg, K., Graham, K., McGaughey, K., & Freberg, L. A. (2011). Quem são os influenciadores das redes sociais? A study of public perceptions of personality. Public Relations Review, 37(1), 90-92. Este artigo examina o papel dos influenciadores nas relações públicas e no marketing.

Buy your books fast and straightforward online - at one of world's fastest growing online book stores! Environmentally sound due to Print-on-Demand technologies.

Buy your books online at
www.morebooks.shop

Compre os seus livros mais rápido e diretamente na internet, em uma das livrarias on-line com o maior crescimento no mundo! Produção que protege o meio ambiente através das tecnologias de impressão sob demanda.

Compre os seus livros on-line em
www.morebooks.shop

Printed by Books on Demand GmbH, Norderstedt / Germany